德育工作与思想教育创新研究

欧阳瑞仓◎著

线装书局

图书在版编目（CIP）数据

德育工作与思想教育创新研究 / 欧阳瑞仓著. -- 北京：线装书局, 2023.7
ISBN 978-7-5120-5459-2

Ⅰ.①德… Ⅱ.①欧… Ⅲ.①青少年教育－德育－研究－中国 Ⅳ.①G41

中国国家版本馆CIP数据核字(2023)第083624号

德育工作与思想教育创新研究
DEYU GONGZUO YU SIXIANG JIAOYU CHUANGXIN YANJIU

作　　者：	欧阳瑞仓
责任编辑：	白　晨
出版发行：	线装书局
地　　址：	北京市丰台区方庄日月天地大厦B座17层（100078）
电　　话：	010-58077126（发行部）010-58076938（总编室）
网　　址：	www.zgxzsj.com
经　　销：	新华书店
印　　制：	三河市腾飞印务有限公司
开　　本：	787mm×1092mm　1/16
印　　张：	10.5
字　　数：	240 千字
印　　次：	2024 年 7 月第 1 版第 1 次印刷

定　价：68.00 元

前　言

　　品德是人生之本,是一个人生存的根基。它和智慧、能力一样,都是一个人赢得成功所必不可少的因素。只有具备了优秀的品德,我们才能够实现自己的人生价值,活出卓越和精彩的人生。

　　一个人的品德和修养决定了他成就的大小。青少年是祖国的未来、民族的希望。青少年的思想品质和道德品质的优劣决定了他们人生的成败。

　　优秀人物的崇高品德是洒向心田的甘露,是照亮生命的阳光,是成长与进步的阶梯。在成长的道路上,我们需要用优秀的品质来启迪青少年的智慧,激发他们的力量,升华他们做人的境界。

　　19世纪,俄国教育家乌申斯基曾说:"榜样对儿童的心灵是一股非常有益的阳光,而这种阳光是没有任何东西可以替代的。"因此,本书列举了古今中外许多优秀的道德人物,再现了他们的优秀品质,为我们今天的教育提供了传承和学习的素材。

　　青少年学生承担着振兴中华的重任,切不可自甘平庸而沉迷于游戏或无意义的事情,而应当以古今中外的杰出青少年为榜样,学习他们身上的优秀品质,让自己的人生也处处充满精彩和骄傲。此外,青少年还应该自觉践行社会主义核心价值观。

　　习近平总书记说,核心价值观其实就是一种德,既是个人的德,也是一种大德,就是国家的德、社会的德。国无德不兴,人无德不立。如果一个民族、一个国家没有共同的核心价值观,莫衷一是,行无依归,那这个民族、这个国家就无法前进。这样的情形,在我国历史上,在当今世界上,都屡见不鲜。

　　我国近代著名政治家和学者梁启超先生在他那篇广为传诵的《少年中国说》中写道:"少年强则国强,少年自由则国自由,少年独立则国独立,少年强于欧洲则国强于欧洲,少年雄于地球则国雄于地球。"

　　为了中华民族的崛起,我们有责任也有必要培养体魄健康、意志坚强、乐观进取的亿万青少年。为此,我们立足于青少年学生的人生成长和优秀品质的养成,根据青少年学生的成长特点和需要,在参照了大量的思想教育书籍的基础上,编写了青少年教育读本,对青少年学生塑造优秀品质、成就卓越人生将起到积极的推动作用。

编委会

王 琳　鲁 萌　宋 云
文 苹　陈泫伊　王 飞
焦苗苗　王 行　侯金苹
王琳琳　车 嫣　曲慧珠
代尤佳　李民霞　陈 卫
康 琳　刘清明　孙 飞
刘子枫　焦 荣

目 录 CONTENTS

第一章　德育工作概述 ·· 1
　　第一节　德育现象与本质 ·· 1
　　第二节　德育功能与价值 ··· 12

第二章　德育模式、途径与方法 ······································ 22
　　第一节　德育模式 ·· 22
　　第二节　德育途径 ·· 35
　　第三节　德育方法 ·· 44

第三章　德育艺术与教学 ·· 52
　　第一节　德育艺术概述 ··· 52
　　第二节　德育空间艺术与时间艺术 ······························ 56
　　第三节　德育语言艺术 ··· 60
　　第四节　德育渗透艺术 ··· 64

第四章　德育与班级管理 ·· 68
　　第一节　班级德育的顶层设计 ···································· 68
　　第二节　班级管理德育为先 ······································· 73

第五章　班级活动设计与实施 ·· 75
　　第一节　班级活动的意义和特点 ································· 75

I

第二节　班级活动组织的原则…………………………………………78

第六章　基于文化视域下的德育工作…………………………………82
　　第一节　基于传统文化中的学校德育…………………………………82
　　第二节　基于网络文化中的学校德育…………………………………88
　　第三节　基于地域文化中的学校德育…………………………………94

第七章　学校、家庭与社会协同德育…………………………………102
　　第一节　学校、家庭与社会协同德育的概念与内涵…………………102
　　第二节　学校为本的学校、家庭协同德育的实施……………………113
　　第三节　学校为本的学校、社会协同德育的实施……………………126

第八章　提升教师德育素养的策略……………………………………130
　　第一节　通过人格塑造来提升德育素养………………………………130
　　第二节　通过课堂教学来提升德育素养………………………………137
　　第三节　通过师生交往来提升德育素养………………………………147
　　第四节　通过师德评价来提升德育素养………………………………153
　　第五节　通过实践研修来提升德育素养………………………………160

参考文献……………………………………………………………………167

第一章 德育工作概述

第一节 德育现象与本质

德育本质是德育的根本性质，是德育自身组成要素之间相对稳定的内在联系，是由德育本身所具有的特殊矛盾构成的。德育本质不仅是个理论问题，还是个实践问题。说它是理论问题，是因为对德育本质的研究不是在就事论事，它直接关联着对"德育是什么"和"为什么要进行德育"的理解和回答，对这两个问题的理解和回答又直接决定了德育言说的范畴、方式和内容。说它是实践问题，是因为德育本质的言说会直接影响和规范人们的德育观念和行为。因此，所有的德育理论和德育实践都会体现出对德育本质的某种理解。回顾既有德育本质的研究，展望未来德育本质的研究，有助于推动德育理论研究的深入和德育实践的正确开展。

德育现象是德育实践的外在表现形态。德育本质是德育的根本特征，是一般的或共同的东西，它只能存在于现象之中，离开德育现象就无法认识德育本质。只有"透过现象才能抓住本质"，因此，为了认识德育本质有必要先认识和把握德育现象。但是，翻看国内出版的各类德育学教材，几乎都有德育本质这一部分内容，却没有德育现象这一部分内容。这不能不说是一种缺失，值得为之补正。

当然，现象不等于本质，现象是事物本质的外部表现，是局部的、个别的；本质比现象深刻，是共同的和整体的，因此，把握了德育现象并不等于把握了德育本质，还需要在认识和把握德育现象的基础之上进一步认识德育本质。

一、德育现象

德育现象是德育实践的表现物，或正从事着的德育实践。它首先表现为各种德育活动。为了有目的、有计划、有组织、有制度地开展德育活动，德育需要成为一种社会事业。同德育活动一样，德育事业是一种德育形态，但是相对于德育活动而言，它是一种更高级的德育现象，它旨在管理、调控德育活动，并使之与教育活动和社会生活相适应。为了更好地开展德育，需要对各种德育问题展开研究，各种德育思想就会相应产生。德育思想是更高级的德育现象，德育活动和德育事业都是它的研究对象，它形成以后会反过来影响和深化德育活动和德育事业的开展。

（一）德育活动

德育活动是人类基本的活动形态之一，它与生产活动同步产生。人类的祖先在群居穴处、茹毛饮血的初民时代，虽无德育之名，但已有德育之实。当原始初民为了生存而发生利益博弈的时候，能够解决利益冲突的有效方法不外乎两类：一类是战争的手段，以凶残的暴力杀戮为特征，一部分人利益的获得是以另一部分人的毁灭为前提；另一类是道德调节的手段，这是以双方获得利益的共赢为目的，以谈判与妥协为特征的和平方式。后者比前者投入的成本要低，付出的代价要小，对社会生产力的破坏要少，产生的整体社会效益较大，可以实现博弈双方利益的最大化。在历史长河中，以后者为主要内容的利益调节方式逐渐演变成为伦理道德的文化形态，对人类文明进步起到巨大的推动作用，从而使道德手段的普及与推广及其传承方式（即德育）成为社会群体与个体之间生存与发展的一种不可或缺的活动形态。

德育作为人类实践活动，其中包含有主客体。主体是德育的发起者、操纵者、教育者。客体是德育作用的对象，是受教育者。德育活动是教育者和受教育者之间以道德内容为中介，以语言文字为手段进行的文化交流和传承活动。

德育活动经历过如下演变：从非正式走向正式、从非正规走向正规。初始，德育活动渗透于日常生活中。人们习而不察，甚至大都不知道有德育这回事。"这正如一般人们不停地呼吸着空气，却不知道有空气存在一样。"这时期的德育是非正式的德育。逐渐地，德育教师开始出现，德育对象开始相对稳定，活动场所和设施也开始固定，德育开始定型，但一国之内各个场所实施的德育的内容、进度等不一样，各个场所之间也缺乏制度性的联系，这种类型的德育正式但不正规。近代学校系统出现以后，开启了制度化德育的新阶段。德育开始在具有层次结构、按年龄分级的学校系统中进行，制度化的德育开始形成。制度化德育不仅有目的有计划地开展，还有组织地开展，它是一种正式且正规的德育。不过，由于正规德育过于强调制度化，它已经产生了诸多弊端：不以学生发展为本而以僵化的规范要求为本，它不仅压抑了学生灵动的生命，阻碍了学生个性的发展，还复制了社会既有的不平等。正因为此，非制度化的教育思潮和德育思潮开始出现。这些思潮主张取消制度化的学校，倡导构建学习化社会，让学生在学习化的社会中学习和成长。

对于社会发展和个体发展，德育活动都能起到重要的作用。德育活动能够促进社会生产，巩固经济基础，可以成为社会政治斗争的手段，影响民主法制建设，能够保存、传递以至创造人类道德文化，还可以起到保护环境、控制人口的作用，等等。德育活动也具有重要的个体作用。它能帮助人适应社会,为每个人生活做准备,它还可以唤起人的道德潜能,使人不断提高和革新自己,从而开辟人性发展的道路,奠定走向未来的基础。"人既是道德的创造者,也是道德存在的目的,同时,人还是道德的载体。"德育理应是对人的教育,是为了人的教育,因此,德育活动的个体发展作用是德育活动的本体作用。德育活动的社会发展作用是德育活动的本体作用在社会中的衍生,是德育的衍生功能,也称德育的工具作用。不过,德育活动除了具有正向作用之外,也具有负向作用,它可以阻碍社会发展,也可以阻碍个体发展。

(二)德育事业

人类依据自己所独有的实践理性将各种职业活动的精髓目的化、规范化、有序化。德育事业是德育活动的目的化、规范化、有序化。德育事业是一种高层次的德育形态。如果说人类的教育事业尤其是学校教育事业可以分为"传授知识的事业(即教书的事业)"和"建构人格的事业(即育人的事业)"的话,毫无疑问,德育事业就是这二者的综合。

德育总的发展趋势是由自在状态向自为状态延伸,这是德育发展的必然。德育事业,不是一种离开了德育活动的德育现象,恰恰相反,它要求更加有效地开展德育活动,丰富德育活动的内容,优化德育活动的策略,提高德育活动的效果,使之规范化、序列化、组织化、制度化,并使之与社会生活联系起来,成为一定社会所需要的一种社会事业。德育事业和其他社会事业一样,随着社会生活的丰富化和复杂化,逐渐构建起自身严密的系统和独立的领域。总之,它是人类教育形态的重要组成形式,一种自觉度、自为度更高的教育现象。

德育的历史与人类社会的历史一样久远。考古资料表明,在三百多万年前,被认为是"智人始祖"的"露西"和他的伙伴的交往就意味着出现了人类德育的雏形,但这种"德育"只是一种以个体为对象的活动,还不能称之为社会事业。德育作为一种社会事业是从奴隶社会后期学校出现以后开始的,早期社会的德育主要表现为活动。德育事业之所以需要,是人类社会政治、经济、文化生活运行的结果,是历史发展的需要。德育事业和其他事业一样,始终都受到一定社会的政治、经济、文化状况的制约,都要按照支配它的客观规律运行。

德育制度的形成是德育事业发展的高级阶段,它是德育目的化、规范化、有序化的高级阶段。这主要表现在如下方面:德育制度是指一个国家或地区的各级各类的德育机构与组织的体系,而不是指一些非德育机构或组织及处于分散和孤立状态的德育机构或组织。例如,德育制度的实施一般并不涉及家庭、企业以及其他一些公共活动场所，原因就在于这些机构与组织并不是专门化的德育机构或组织，它们只是具有一定意义的非专门化的德育影响作用而已；德育制度还是现今德育机构与组织体系赖以存在和运行的一整套的规则。

德育活动、德育制度和德育事业三者紧密联系、不可分割，但又有区别。比起德育制度和德育事业来，德育活动是人类德育最基本的层次，是制定德育制度、践行德育理想的实践基础。但是，历史发展到今天，人们的德育实践已经走出了自发德育活动的范围而出现了以德育课堂教学活动为中心的德育制度和德育事业。德育制度与德育事业的功能是指引、管理和调控德育活动，并使之与一定社会的政治、经济、文化生活相适应。人类进入农业时代之际，社会上出现了学校这种新生事物，标志着人类德育进入了一个新的阶段，具有深刻的意义。学校出现后，其重要功能有二：一是对学校德育活动进行有效的组织管理，使之程序化、规范化、制度化、目的化，把主要力量用于德育教学活动上；二是把学校德育活动和社会的需要联系起来，使之为一定社会的阶级、一定时代的政治、经济、宗教、民族各方面的需要和利益服务。这种服务表现在传播一定的社会文化影响和培养所需的人才等方面，并逐渐形成体系，形成学校德育制度。学校德育独立性的加强，学校德育与智育、体育并列关系的形成是人类自觉意识的觉醒和主体性增强的标志，并说明了学校德育是一种不可缺少的社会事业。从此，学校德育活动具有了一定的形式和条件，被规定在一个特定的时空中进行，即通过一定的动态结构而存在和运行。学校德育一经成为一个完整的体系制度，便被固定下来，与学校智育、体育、美育乃至劳动技术教育一起共同承担起学校教育的任务并在其中发挥着统御的功能。

（三）德育思想

德育思想是指人们对人类特有的德育活动和德育事业的理解和认识，它也是人类教育发展历史上客观存在的一种德育现象。但它和德育活动、德育制度、德育事业等德育现象有所不同，它是人们有关德育问题的认识和见解，是一种有关德育问题的理论形态；它本质上是人类社会业已存在和可以预见的德育现象，是德育规律在人们主观上直接或间接的反映。德育思想都是在特定的社会生活中发生、发展和形成起来的，不能不受到特定传统文化、历史条件、思维方式等因素的限制而具有历史的局限性和阶级的局限性。不同的德育思想也反映了人们不同的经历、不同的社会历史观和哲学思想，并且也呈现着不同的气质、风貌等个性特点。从纵的方面来看，德育思想史就是在不同的历史状态下，人们针对德育提出的问题而不断为之寻求更深入、更切实的回答和认识，从而形成不同的德育观念的历史，因此，它也是一部德育观念更新、完善、建构的历史。从横的方面来看，德育思想的交流和结合，便构成一定的德育理论。德育理论是通过一系列德育概念、德育判断或命题，借助一定的推理形式构成的关于德育问题的系统性的陈述。它不仅是对德育活动和德育事业的抽象概括，而且具有系统性。

德育思想是德育现象的重要组成部分，它在人类德育实践中之所以必然出现，是因为它是人类德育行为的经验总结和德育实践的理性概括。德育思想必然反映鲜活生动的德育实践并为实践提供方法论指导。

德育活动、德育事业和德育思想三者之间虽然有一定的区别，但又是相互联系的。德育活动与人类认识自然、改造自然的实践活动同轨同辙，它是德育事业和德育思想的物质载体，是德育事业和德育思想的起点与归宿。德育事业是形成一定德育思想的基础，并使已形成的德育思想得以发展、深化和提高。德育事业起源于德育活动的过去，服务于德育活动的现在，指向于德育活动的未来。而德育思想又反过来作为一种德育法则，指导和制约人们的德育活动和德育事业。因此，德育学的研究若离开了对德育现象的全面而系统的认识就不可能从总体上把握德育的本质。

二、德育本质

前人对德育本质的研究多有建树，其中代表性的观点是"规范说"与"生活说"。由于道德本身具有规范性特征，以及受伦理学的影响，很长一段时间内学界将德育定义为对人们行为规范的教育。随着历史的发展，面对"规范说"的局限性，以及该论的理想化和科学化的弊端，学界提出了"生活说"的德育本质观。

（一）对以往德育本质观的质疑与反思

1. "规范说"的由来、功能及其困境

德育本质问题的探讨常常是与德育的目标、价值、功能联系在一起的。因此，笔者将同时关涉德育的本质以及与其相伴而生的"功能"问题，也对其理论盲点进行探究。

（1）"规范说"的由来

德育的"规范说"，来源于道德本身具有的规范内涵和伦理学对道德的定义。从词源学的角度看，起初的"道德"一词中"道"和"德"是分开的。"道"，路也，在哲学上指"规律"，在伦理学上则指"规则""规范"。"德"，指人内心的情感或信念，用于人伦，则指人的本性、品德或德性。正因为"道"本身就是强调事物运行的规则，而"德"的内涵是告诉人们人之为人的规范(如儒家认为"德"包括忠、孝、仁、义、温良、恭敬、谦让等等)。这样，以规则或规范为中介，"道"和"德"合二为一，形成"道德"。我国"道德"二字连用始于荀子《劝学》篇："故学至乎《礼》

而止矣。夫是之谓道德之极。"意思是说，学习要学到《礼经》才算毕业，才算达到了道德之顶峰。而《礼经》在古代则是法制的前提、各种条例的总纲。在西方古代文化中，"道德"一词起源于拉丁语的mores，意为风俗和习惯。这样，从中西方最早的道德内涵中可以看出，所谓道德，就是指人们的行为规则、规范。秉承前人的思想，人们就合乎逻辑地将德育看成是对人们行为规范的教育。"当代在'道德的名义'下唯一可资利用的价值就是用道德规范和规则去把人组装在科学理性主义的大机器上，道德教育就蜕变为注入规范、规则的外在化教育。"

（2）"规范说"的功能

"凡是存在的就是合理的。"无论是从社会稳定的角度还是用历史发展的观点看，"规范说"都起过重要的作用。从社会稳定的角度看，"规范说"促进了具有差异性的个体或群体之间的和谐共处。由于社会是由差异性的个体和差异性的群体构成，所以，不同的个体和群体之间在具有类同一性的同时，也具有类差异性。那么如何解决这种差异性，就显得极其重要。为了生存和延续，最初群体间往往选择简单而快捷的暴力方式来解决矛盾纠纷。后来发现，暴力方式并非解决问题的最好方式，不断使用暴力，可能导致人类的灭绝。这样，个体间或群体间为了交往行为的顺利与安全，彼此努力寻求一种可以保证交往行为正常有序发展下去的约束规则。后来逐渐将这些规则、规范意识纳入德育的范畴，从而为人类解决争端、友好地共存，提供了建设性的见解。另外，用历史发展的观点看，德育"规范说"促进了人类的发展。每个个体被"抛"到这个世界之时，就注定是历史的存在，人们无一例外地受着已有文化传统的影响。既定的文化因素对具有差异性的个体或群体的言行早有或隐或显的规定：哪些是社会认可的、期望的，哪些又是不鼓励、不允许甚至是禁止的。正如福柯所言："规训塑造了个体。"事实上，学校更是规范化的产物，培养规范的场所。这体现在教学的每一门学科中。"'规范的'被确立为教学中的强制原则，与此同时引出了一种标准化教育和建立了'师范院校'。"事实上，法语discipline，就兼有"学科"和"规训"的双重意义，换言之，任何学科同时也是一种社会规范。这样，人不仅是规范的创造者，同时也是规范的接受者、规范的遵守者。一定程度上可以说，正是在"规范说"的引导下，人类历经沧桑，成为地球这颗蓝色星球上的强势物种。历史地看，"规范说"不仅合理，而且必要。

（3）"规范说"的困境

尽管德育"规范说"的历史合理性显而易见，但是该论的历史局限性也不可否认。特别是在一切都可以怀疑（除了怀疑本身不可怀疑）的现代社会，德育"规范说"遭到了人们的质疑。其原因主要有以下两点。第一，从规范的产生看：规范是群体为了更好地生存，通过协商解决矛盾的结果。这种利益权衡的策略性结果，"就造成人们对规范有着一种自相矛盾的潜意识,一方面希望规范能够保护自己的利益,另一方面又为了自己的利益而挑战规范"。正是由于规范的这种内在矛盾性,因此,把规范和德育混为一谈是有问题的。第二,从规范的变化看:起初,规范与道德宣扬的思想一脉相承,都是为了人类更好地生存,顺利地延续。但是,随着社会的发展,统治阶级往往披着为人类服务的道德外衣,将规范泛化(深入到人们生活中的每一个领域),其泛化的目的无疑如福柯所言:"这种对'社会众生'的监督和规训,其目的在于让生命进入历史,把一个生物人整合在知识和权利的结构之中,成为符合各种规范的主体。"这样,规范就悄无声息地脱离了原初的为人类服务的本意,变成为少数的利益集团服务的工具,从而使规范与德育貌合神离。

2."生活说"的产生、价值及其盲点

正是在对"规范说"产生质疑的基础上,20世纪90年代初期,有学者提出德育生活方式说。在此基础上,有学者在《教育的返本归真——德育之根基所在》一文中,正式提出在德育的生活说理念,从此德育"生活说"不胫而走。

(1)"生活说"的提出及其内涵

针对德育"规范说"存在的问题,人们对其从各个方面进行了修正。尽管目前相关的学术观点很多,但比较有价值、得到社会普遍认可的则属德育"生活说",即将德育回归生活。德育"生活说"的提出,与我国德育工作者,特别是南京师范大学的德育工作者的努力是分不开的。十多年前,面对我国的道德教育越来越脱离学生实际生活的事实,即"概括起来,科学化和理想化是目前道德教育脱离生活的两个最主要的表现",我国有学者提出道德教育应该面向生活,以生活为中心对学生进行道德教育。所谓以生活为基础的道德教育,总的来说,就是指"以人的生活经验为德育的起点,意味着德育不能从抽象的道德概念出发,不能从无内容的道德理性能力出发,而要通过真实的生活过程来进行德育"。

(2)"生活说"的价值

如同德育"规范说"一样,德育"生活说"的提出同样具有重要的意义。除了对原初的德育"规范说"起到一定的修正作用以外,其意义还表现在以下两个方面。第一,有利于克服传统知性德育的实效性问题。在对传统知性德育批判与反思基础上形成的生活德育,自然对传统知性德育进行了一定的修正。正如有学者所言,传统知性德育过度科学化,德育目标理想化,德育方式方法成人化,德育内容泛政治化,导致了传统知性德育的实效性极为低下。因此,生活德育的提出就是为了克服知性德育的"学术性、思维性和人际关系封闭性",主张在人际关系背景里,通过人际互动与交往实现德育"现实性、人际性、多向性"。这样就有效地解决了长期以来学校德育中的"假大空"现象。第二,有利于培养学生的道德能力。所谓道德能力,主要是指当学生面对道德事件时，应该有辨别善恶是非的能力，能够作出正确的道德判断和道德选择并付诸相应的行为。生活虽是人创造的，但生活反过来也构成了人的存在方式，无时无刻不在影响和制约着人的存在和发展。恰如陶行知所说："过什么生活，便是受什么教育……过乱七八糟的生活，便是受乱七八糟的教育。"因此，"道德回归生活能有效培养学生的道德能力"。

（3）"生活说"的理论盲点

尽管德育"生活说"与德育"规范说"相比，更接近于德育的内涵，一定程度上缓解了德育"规范说"的紧张，但是同样没有逃脱人们的质疑。目前较为集中的质疑是：如果德育是生活方式的话，那么人们应该追求一种什么样的生活呢？或者说真正的生活是什么样的呢？正如有学者指出，面对德育中"假大空"的问题，提出德育向生活回归具有进步意义，但是首要的问题在于什么是生活？如果对这个问题不能进行有效回答的话，就会使人感觉对德育的本质探讨并没有实质性的进步。它仅仅是以一个模糊的概念代替另一个模糊的概念，至多是以一个无所不包的概念代替另一个无所不包的概念。

德育"生活说"虽然指明了生活是德育的本质追求，却不能回答我们需要什么样的生活，以及如何面对生活泛道德化的威胁的疑问。这样，就产生了两个质疑：一是德育回归生活这种看法是错误的；另一个是德育的本质是生活，但是对生活的追问方式存在问题，也就是说生活并不能用"是什么"来追问。

（二）德育本质观的"规范加创新说"

如果说"生活说"突破了"规范说"，使道德教育由"天上"来到"尘世"，从"圣人"回到"凡夫"，的确具有不可磨灭的历史光辉的话，那么"生活说"最可怕的误区是可能导致道德在生活中无处不在，而无处不在的道德一旦成为学校德育的主要任务，那就完全可能蜕变成束缚人类灵魂的精神枷锁，使人生活在无形的"极权"的强力控制之下，从而绞杀了人的智慧，泯灭了人的个性，阻碍了人的发展，把社会引向灾难。因此，我们提出了"规范加创新说"。

1. "规范加创新说"的方法论背景

综观德育理论演变的历史，对德育本质的认识多有争议。究其原因，焦点在于对德育概念的不同理解。由于对德育本质的认识不同，就决定了不同的德育本质观。有学者指出："从我国六十年的德育实践看，时而把德育等同于共产主义教育（或社会主义教育），时而又说德育即道德教育。时而把德育等同于政治思想教育，时而又说德育包括思想教育、政治教育、道德教育三部分。时而说德育还得包括法制教育、心理品质教育和环境保护教育，时而又说青春期性教育也得囊括进德育中去。

时而把德育等同于学校德育，时而又说德育包括学校德育、家庭德育、社会德育和网络德育四大块。"因此，深入探讨德育概念问题乃是实践之必需。

从现行德育概念的内涵及存在的问题看。在批判与反思的基础上，为更好地建构中国德育理论体系，陈桂生在《中国德育问题》一书中专辟一章详细地介绍了我国现行德育概念的产生与发展。其中所用各种教育概念的含义，似乎都容易理解，而各个概念之间，外延多有重叠，有些概念便相互包涵。……由于所列的一堆教育是几个不同层面的教育，故在总体上出现逻辑混乱，思路自然不清晰。陈桂生通过整合提出了广义德育的结构："即从教育的性质，包括：旨在培养学生道德品质的'道德教育'，旨在提高学生社会—政治教养的'社会—政治教育'或'公民教育'，旨在陶冶学生以正当的价值观念、人生观念、世界观念为核心的精神品格的'思想教育'。"

因此，针对上述对德育概念的理解及其研究的不足，并在广义德育的背景下，我们不妨将学校德育界定为：德育是教育者与受教育者双方通过将社会规范转化为个体品德从而激发人的创新行为的教育活动。与以往德育概念相比，首先，此定义在方法论层面打破了传统德育观所秉承的"规范转化"的思想，突出了"规范转化"基础之上的创新意识的培养。其次，此定义第一次将教育者与受教育者的关系提升到相互平等。此处的"师生双方共同转化社会规范"，意在突出教育者与受教育者的平等地位，为从根本上打破"我说你听，我打你通"的传统德育模式，为平等对话的德育模式奠定了方法论基础。最后，该定义强调德育的目的，是要培养人的创新性品德。而唯有人的品德创新才能够实现人在生活各个领域中的创新。

2."规范加创新说"的内涵与意义

市场经济的重要特点是强调人的主体性、能动性，突出个体的价值，从主体的角度说，就是形成一种主体的开创性品格。如果从伦理道德价值取向上说，与自然经济相适应的是礼教精神，与计划经济相适应的是"螺丝钉"精神的话，那么，与市场经济相适应的就是"规范加创新"的主体精神。尤其是在知识经济初见端倪的今天，这种集"君子"与"勇士"于一体的新型品德人格的培养是社会迅猛发展的必然要求，也是学校品德教育理论研究实事求是、与时俱进的时代体现。具体地说，"规范加创新说"的新德育本质观其意义主要体现在以下五个方面。

（1）正视德育"规范说"

通过对德育"规范说"的分析不难看出：人类为了生存、共存，就需要有规则，需要有规范。规则、规范本质上是为人服务的。德育具有规范的内涵，不仅过去存在，现在存在，将来也必然存在。但是在坚持德育具有规范性内涵的同时，面对当前德育"规范说"中存在的问题，又需要人们对之加以改进。我们认为对"规范说"

应该持以下三种态度：第一，社会以及个人需要规范，但重要的不是规范本身，而是规范的理由（赵汀阳语）；第二，规范具有层次性，切不可泛化，因为并不是人的所有言行都需要规范；第三，规范如同其他的概念一样，属于历史范畴，随着历史的发展就需要对其内涵进行必要的调整、修正、剔除和补充。

（2）深化德育"生活说"

从理论基础上看，与传统德育一样，"生活说"德育仍然以社会本位论为其理论基础，而"规范加创新说"则坚持"个体本位与社会本位"的统一。从教育目的看，"生活说"仅仅意味着走出教室，到外界去，这种生活本质上是一种现实的生活，即维持现状的生活。而现代德育强调"规范加创新"的德育理念，主张培养"君子性"人格与"勇士性"人格合二为一的复合性人格，要求个体既要模范地遵守现实生活的既有规范，又要敢于打破陈规陋习，勇于开拓，敢为天下先，从而就赋予德育不断进取的生活品质。总之，"规范加创新说"的德育本质观对德育"生活说"的超越体现在德育领域的方方面面。

3．赋予"创新"的本质内涵

五千年中华民族的文明史中体现德育创新精神的内容可以说并不鲜见。在这种柔肠牵天下、铁肩担道义，明知不可为而为之的创新精神追求中，人们感受到一种做人的意义与崇高。这种创新精神一方面作为一种精神力量推动着中华民族历史的进程，另一方面构成中华民族极为珍贵的精神财富，是我们的民族之魂。与此同时，我们也不能不遗憾地看到以儒家伦理思想为核心的中国传统文化的主流是被湮没在极端的实利性精神之中的，崇尚道义却又往往缺少理想。尤其从整体上看，国民缺少对科学真理追求的热情，缺少一种热衷于科学与理想的创新态度，以至于国人在谈到德育的本质时，总是有意无意地从道德的约束性和规范性出发，忽视了道德批判、冒险、创新的主体性价值。

4．高扬德育的主体价值

从理论上讲，德育从它产生之日起就具有鲜明的主体价值与工具价值，只是由于其为政治服务的工具性色彩使得统治阶级将工具价值凸显出来，并加以渲染和夸大，久而久之，反而将德育反映主体内在创新精神的主体价值淡化、忽视了。道德投射到个体身上就形成了个体的品德，道德规范从其投射对象方向上可以区分为个体的协调性品德和个体的进取性品德两类。协调性品德是用来调节各种人际关系的，进取性品德则是用以激励人奋发向上和谋求发展的；协调性品德发生作用的方向是内聚，进取性品德发生作用的方向是外释的；协调性品德体现了秩序的精神和合作精神，进取性品德则贯穿着自由的精神和竞争精神。进取性品德是适应人改造客观世界以及肯定和发展人自身的需要产生的，它在早期人类同大自然的搏斗中就萌芽了,又在后来的生活斗争中锻造淬火。它集中反映了人们的创造性本质,反映了人要求在最高水准上发挥自身潜力,建设性地释放自身能量的深刻需要。

人,只有在群体中,既摆脱了既有规范和束缚,又不满足于既成状态而始终保持批判意识和探索向前的活力时,社会道德才能不断进化,人类社会才能趋近于理想的前景。现代德育学的研究认为,创造未来是人类的本性,人类发展到今天是人类自身创造的结果。人类创造自身的巨大成果使当代人相信,未来不是我们自然走去的地方,而是靠我们努力创造出来的地方。强调人的创造性,努力发展自己的创造能力,充分挖掘自己的创造潜力,将成为现代人未来发展的主要方向。创新意识与创新能力的培养与其说取决于现代人的知识和智慧,不如说是根植于现代人的品质和现代人的德行之中。任何个人对德育的理解和把握都具有双重关系:他既是德育的受益者,又是德育的体现者和创造者。德育的主体性一方面表现在个人把接受过程变为主动探索的过程,积极主动地对现有价值体系、行为规范和社会道德现象进行独立思考,并作出选择;另一方面,个人在品德生活中不仅可以做既有道德的理解者、接受者,更重要的是对既有道德保持合理的怀疑态度和超越精神,超越现成的德育体系,做先进德育的探索者、创造者,并勇于突破陈腐的传统和规范,为新德育的确立开辟道路,用新的德育理想给社会发展树立学习的榜样,为人类进步确立追求的目标。

5. 新的价值观取向

价值观问题,是德育研究中不可回避的问题。无论什么样的德育本质观,背后必然有其相应的价值判断。一定程度上可以说,价值观问题贯穿于德育研究的始终。正是由于价值观的这种特殊性,所以有学者将价值观看成是德育的本质。在"规范加创新说"中,我们并不将价值观看成是德育的本质,而将它看成是德育过程中的伴随现象。价值观,作为价值之等级,可以被定义为价值变化的可能性。在这个意义上,"规范加创新说"实际上就是在德育中帮助学生建构更好的价值信念,从而促进其自身的品德发展。学生的品德发展伴随着学生认知的升华、情感的稳定以及意志力的坚定,这又将促进学生价值观的生成与发展,而学生价值观生成与发展的结果反过来又会引起学生对自身能力新的评价,从而形成新的发展态势,而这种新的发展态势又会进一步地反作用于价值观,价值观选择之间的螺旋式上升促进了学生价值观的更新与发展。因此,在"规范加创新"的新德育本质观中,我们所持的是"发展型价值观"。事实上,在学校德育中坚持发展型价值取向,以此突出学生的主体价值的理论研究,在《规范与创新:德育本质问题刍议——兼论传统德育与现代德育的分歧》一文中已有明确的阐述:"传统德育中采取的协调性道德观意味着教人们如何适应和忠实于过去……而现代德育中强调的是人的主体性、能动性,突出个体的价值……提倡的进取性道德则是用以激励人奋发向上，谋求发展，努力地发展自己的创造能力……它是适应着人的改造客观世界以及肯定和发展人自身的需要产生的。这些将成为现代人发展的主要方向。"因此，我们认为，学生发展型价值观的建构应是学校德育的首要任务。

依据"一切思想都是可以修正的"原则，本书提出的德育本质意味着在生活中追求"规范加创新"的看法，也只是对德育本质问题研究所作的初步尝试。事实上，只要人类还存在，对概念的理解，或者说赋予概念的意义的过程就不可能停止。任何理解都具有历史性，都是行走在追求"最好"的路上。因此，德育的本质是一定时期内人们思考与协商的结果，必将随着社会的发展而得到充实与提高。毕竟，从更好走向最好是人类这群理性动物的"永远"的"最爱"。

第二节　德育功能与价值

德育功能与价值是关于德育作用的深层探讨与定位。由于"人在社会中生活"，所以，德育功能与价值的发挥主要体现在个人、社会和生活三个方面。就德育与社会的关系而言，它主要表现为德育的正义功能与价值，侧重点在于好公民的培养；就德育与个人的关系而言，它主要表现为德育的意义功能与价值，侧重点在于好人的培养；就德育与生活的关系而言，它主要表现为德育的幸福功能与价值，侧重点在于创造美好的幸福生活。

一、德育的正义功能与价值

"人在社会中生活"是考察德育功能与价值的主线。它一方面意味着是"人"在生活，而不是"社会"在生活，从而揭示了尽管在发生学的角度上很难说清先有"人"还是先有"社会"，但在价值论上"人"高于"社会"；另一方面也表明了人的生活无法脱离"社会"，那种离开"社会"的生活是不可想象的。由于在不同的社会中人的生活感受和质量大不相同，所以，人们努力追求那种以人为目的、尊重人的正义社会。这一点表现在德育上，就是德育的正义功能与价值。

（一）正义公正：社会的首要美德

20世纪下半叶以来，正义的作用日益凸显，成为社会制度的首要价值和美德，正如罗尔斯所说："某些法律和制度，不管它们如何有效率和有条理，只要它们不正义，就必须加以改造和废除。每个人都拥有一种基于正义的不可侵犯性，这种不可侵犯性即使以社会整体利益之名也不能逾越。因此，正义否认为了一些人分享更加大利益而剥夺另一些人的自由是正当的，不承认许多人享受的较大利益能绰绰有余地补偿强加于少数人的牺牲。所以，在一个正义的社会里，平等的公民自由是确定不移的，由正义所保障的权利决不受制于政治的交易或社会利益的权衡。"这充分说明了作为社会首要美德的正义的奠基作用。

（二）正义的内涵

正义的含义非常丰富。正义意味着各得其分，各得其所；正义指一种德行，正义意味着一种对等的回报，正义指一种形式上的平等，正义指某种"自然的"、理想的关系，正义指法治或合法性，正义指一种公正的体制。其中，社会基本结构的正义是首要的正义。所谓社会基本结构，是指一整套的社会制度、经济制度、政治制度和法律制度，它的作用在于把各种主要的社会组织一体化，在社会成员之间分配社会合作的负担和利益。

在《正义论》中，罗尔斯提出了两个正义原则：第一个原则是平等自由原则——每个人对与所有人所拥有的最广泛平等的基本自由体系相容的类似自由体系，都应有一种平等的权利。第二个原则是机会的公正原则和差别原则的结合——社会和经济的不平等应这样安排，使它们：（1）在与正义的储存原则一致的情况下，适合于最少数受惠者的最大利益（差别原则）；（2）依系于在机会公平平等的条件下职务和地位向所有人开放（机会的公平平等原则）。两个正义原则是一个更为一般意义上的正义观的一个专门方面。这个一般的正义观是：所有的社会基本善（或者说基本价值）——自由和机会、收入和财富及自尊的基础——都应被平等地分配，除非对一些或所有社会基本善的一种不平等分配有利于最不利者。两个正义原则之间，第一个原则优先于第二个原则，第二个原则中的公正原则又优先于差别原则。这表明，自由亦即基本人权处于最优先的地位。在满足了上述自由原则之后，公平的机会优先于差别原则。

第一个优先规则表明了自由的优先性，第二个优先规则表明了正义对效率和福利的优先性。平等的自由原则简称为自由原则，它要求绝对平等；机会的公正原则与差别原则的结合要求比例平等。自由原则适用于政治领域，机会的公正原则与差别原则的结合适用于社会经济领域。

罗尔斯在突出自由原则的同时，对"最少数人""最不利者"有明显偏爱。这是为了给那些出身和天赋较低的人以某种补偿，以缩小或拉平他们与出身和天赋较高的人们在起点上的差距。这一同情弱者的立场表达了对人的尊重。正义原则通过社会基本结构表明了人们希望相互不把对方作为手段，而只是作为自在的目的来对待的意愿，这就要求我们在社会体系的设计中，必须把人仅仅作为目的而决不作为手段。

（三）德育正义功能与价值的构成要素

德育的正义功能与价值主要体现在它对公民尤其是好公民的培养方面。公民是现代社会的人之形象，农民是传统社会的人之形象。农民在纵向上表现为臣民，在横向上表现为私民。臣民无我，私民无他。公民与臣民的根本区别是：臣民没有独立的自我人格，只有无条件的义务奉献，而公民则以基本权利为内涵，并承担相应的义务。这里的关键在于，理解公民的根本首先要把握它的权利本位内涵。没有这一基础，所谓的义务不仅成为无本之木，更严重的是，它会导致公民内涵的坍塌，使得公民和现代社会徒有其名而不具其实。公民与私民的根本区别是：公民具有公共理性，积极参加公共生活，而私民则只有狭小的私人空间，没有他人意识和公共意识。在这个意义上，把握公民实质上是要把握他的参与性。

具体来说，德育正义功能与价值的构成要素主要包括以下几个方面。

1. 自由

一般而言，"我有……的自由"具有三层含义：我可以、我能、我有权如何如何。在第一层含义上，自由表示一种许可；在第二层含义上，自由表示一种能力；在第三层含义上，自由则要求某种别的条件（物质的或其他方面的条件）予以支持。而无论哪一层含义，自由的关键都在于捍卫个人的基本权利，并以此确证一个人作为有尊严的人的存在。

鉴于自由的重要性，阿马蒂亚·森指出，自由在发展中首先具有建构性作用：自由是人们的价值标准与发展目标中自身固有的组成部分，它本身就是价值，因而不需要通过与别的有价值的事物的联系来表现其价值，也不需要通过对别的有价值的事物起促进作用而显示其重要性。同时，自由也具有手段性作用，在促进发展中有五种最重要的工具性自由：政治自由、经济条件、社会机会、透明性担保与防护性保障。

正义层面的自由主要是指政治自由。政治自由不是心理、思想、道德、社会、经济或法律层面上的自由。它是这些自由的前提，并促进这些自由。也就是说，政治自由是一种摆脱外物控制的自由，其实质在于创造一种自由的环境，为自由提供条件。可见，政治自由是公民的核心内涵。在中国社会走向民主化的今天，中国德育有必要高度重视政治自由问题。

2. 民主

民主首先是一种政体形式。民主政治的核心在于"主权在民"，它要求把公民定位于国家和社会的组成者,在认识到"公民乃国家之公民"的同时,更要认识到"国家乃公民之国家",承认并保障其作为权利义务主体的地位。具体来说:(1)在民主政治下,各级政府领导通过直接或间接的自由而由公正的选举产生,即民主政治是选举政治;(2)国家要保障公民参与政治生活,即民主政治是参与政治;(3)不允许存在凌驾于法律之上的个人或团体,即民主政治是法治政治;(4)国家保护公民最大限度的是自由选择权,少数服从多数,多数保护少数,即民主政治是宽容的自由政治;(5)任何权力必须受到制约,即民主政治是一种有限权力。可见,民主政治的关键在于拥有政治自由的公民。也就是说,公民与民主政治是互为表里的,没有公民的内在支撑,就不可能有真正的民主政治和民主社会。德育在这一方面肩负着培养具有民主意识的现代公民的任务。

民主又不仅仅是一种政体形式。按照托克维尔的理解,民主意味着从政治、法律、社会构成,到人的思想、情感、心态以至文化和学术活动方式等一切领域、一切方面所发生的一种深刻变化。这里的实质在于民主已经内化这种见解与杜威相同,杜威也把民主理解为一种生活这种生活方式的形成与民主教育之间互为基础,构成人们才能摒弃暴力、破坏与强迫,学会以民主、协商、在这个维度上,德育就是要培养人们的民主生活方式。

这就要求在社会体系或社会制度的设计中,我们必须把人仅仅作为目的而绝不作为手段来对待,否则,人就只能作为工具而存在,不具备任何尊严,而这样的社会当然也就不具备任何正义性。

3. 人权

人权最早由西方启蒙学者提出,具有反封建、反神权、反专制的时代特征,后因美国《独立宣言》和法国大革命而得到广泛传播,逐渐为各国政府和人民所普遍接受和认可,成为众多国家的法治原则。如今,随着"尊重和保障人权"被正式写入《中华人民共和国宪法》和《中国共产党章程》,国人也越来越关注人权。中国德育理应在传播人权理念方面作出自己的贡献。

人权最为根本的价值和核心在于它维护着个体神圣不可侵犯的基本权利和所有人的尊严。它把人放在了关注的焦点,把人的生命神圣不可侵犯这一普遍的价值作为其基础,提供了一个受国际准则和国际标准保护的人权体系的框架。也正因为如此,在20世纪,人权演变为一个道德、政治和法律的框架,指引人类建立一个没有恐惧、没有贫困的世界。因此,尽管在对人权的理解上存在着东西方文化的差异,但毫无疑问,作为一种重要的现代理念,人权已成为人类文明的一块基石,人权的觉醒即人性的觉醒与美的诞生。

二、德育的意义功能与价值

"人在社会中生活",一方面揭示了正义的重要性,另一方面也表明,人们需要正义是为了更好地追求自己的人生意义。人对意义的追寻,是人之心灵的要求,也是人之生命的基本特征,它是人所独有的生存方式。可见,人类既呼唤正义也呼唤意义,没有正义,我们的尊严就得不到保障;没有意义,我们的心灵就得不到滋养。前者要求我们关注德育的正义功能与价值,后者则要求我们关注德育的意义功能与价值。

然而,具体到中国德育,长期以来,我们一直按照科学知识的教学方式进行德育,这种知性德育由于忽视了德育的实践品格与生活内涵,而把学生的真实生活片面化为追求知识的单一活动。这是中国德育的弊病之一。其实,德育是扎根于生活之中的关于意义与正义的叙事,是建立在自由基础上的关于如何获得幸福与有资格享受幸福的人文实践。由于把学生当作被动的物件和承载知识的容器,看不到学生的道德成长是一个"法由己立"的生长过程,德育也就在事实上取消了学生的主体性。随着学生主体性的消失,德育纯粹变为一种外在压力,无法深入到学生的内心进而引起生命的共鸣。究其实质,这是现代社会所尊崇的技术路线在德育中的体现,也是中国德育的弊病之二。德育的知识化路线与技术化路线,又与现代社会所追求的效率或功利原则息息相关。为了追求效率,包括德育在内的现代教育必然也必须走知识化与技术化的路线。然而,生活与生产不是一回事,生命与效率也不是一回事,生活问题不能还原成生产问题,心灵问题不能还原成物质问题,生命和心灵问题更不是一个效率原则就可以囊括的。这是中国德育的弊病之三。对科学性和功利性的过分强调,从根本上说是德育没有关注生活意义和个人的价值,没有把促进个人幸福作为终极目标。这些弊病不仅严重影响了中国德育的实效性,更是对人之尊严的忽视,也是对人之生命意义的放逐。因此,我们必须进行变革,使德育真正成为尊重人、关注人生意义的领域。

(一)追寻意义:人之存在方式

生活意义,一般是指个体对自我的整体生命存在和发展的价值的理解和反思。赫舍尔指出,人可能创造意义,也可能破坏意义,但他不能脱离意义而生存,对意义的关注,是人之存在的必然性。他说:"人的存在从来就不是纯粹的存在,它总是牵涉到意义。意义的向度是做人所固有的。"因为"人是不会满足于生命支配的本能的生活的,总要利用这种自然的生命去创造生活的价值和意义。人之为'人'的本质,应该说就是一种意义性存在、价值性实体。人的生存和生活如果失去意义的引导,成为无意义的存在，那就与动物的生存没有两样，这是人们不堪忍受的"。现代人的痛苦，从表面上看是源于自己的需求得不到满足，从根本上说却源于生活意义的失落。可见，对意义的追寻，构成了人之独特的存在方式。

这种存在方式规定了德育的超越本质。换言之，德育只能按照某种超越于现实的道德理想去培养人，促使人去追求一种理想的精神境界与行为方式，在超越中丰富和提升人们的心灵和精神。所以，对正义的强调是必要的，它事关每一个人的尊严，但又不能止步于此，而是要在此基础上去创造人生的意义和美好的可能生活。

（二）意义的内涵

意义很难用精确的科学语言来定义，但这并不意味着无法把握意义。我们可以通过体验、理解等方式来揭示意义。

人是世间唯一能够追问在者之在的在者。这里的"追问"，就是对意义的追求。在这个层面上，也可以把意义理解为操心。操心是人的心灵或精神的内在属性。这表明了意义问题属于人文精神的范畴。所谓人文精神，就是反对把人当作一个"东西"来对待，因为人本身就是一个活生生的生命。它要求尊重人的需要、情感，并有高尚的道德情操和欣赏美、创造美的能力；它提倡每个人在自由生活的同时，承担不可推卸的对他人、对社会、对自然的责任；它要求关注人生的终极精神，弘扬道德价值与审美价值，培养健全的人格和高尚的时代风尚。总之，它不仅强调人性的培养和理性的养成，而且趋向于培养"完美"的人，也就是集真善美于一身的人。其中，又特别强调道德在个人生活和人类社会生活中的重要作用，认为道德是人的全面发展所追求的最高目的。

事实上，道德具有一种与知识结构不太相似的形成方式。对一个知识体系来说，某些基本概念和规则是这个体系的决定性部分，但对一个道德体系和价值体系来说，情况恰恰相反，位于这个体系"顶层"而不是"底线"的那些观念才是这个价值体系的核心或决定性部分，因为那些顶层观念是意味着各种美德和最高价值目标、各种实践追求的方向和生活意义的动力性观念。由于道德或价值体系是针对行为的，因此只有动力性观念才是带动行为走向更好表现和更好的可能生活的决定性观念。底线伦理、规范伦理只不过是社会秩序的一些基本要求和条件，但生活的意义毕竟在于追求美好价值，追求人性卓越。因此，"追求的道德"是所有道德的根据，伦理问题的核心不是规范而是美德或意义。

（三）德育意义功能与价值的内涵特征

正如上文所述，包括德育在内的现代教育的根本缺陷，就在于人文精神的失落。

众所周知，在现代教育中，知识技能教育排挤乃至压倒了人文教育和人文精神。这种单向度的、无视心灵和意义的教育当然是不健全的，而如此维度上的德育早已经演变成一种知识教育，无法为人们提供精神家园。梁启超认为精神—道德实为知识运用的根基，具有优先的地位。他指出："一般教导者，也不注意在这方面（指道德生活）提倡，只天天设法怎样将知识去装青年的脑袋子，不知道精神生活完全，尔后多的知识才是有用。苟无精神生活的人，为社会计，为个人计，都是知识少装一点为好。因为无精神生活的人，知识愈多，痛苦愈甚，作歹事的本领也增多。……盖人苟无安身立命之具，生活便无所指归，生理心理，并呈病态。……因此我可以说为学的首要，是救精神饥荒。"而阿兰·布鲁姆也对现代教育提出了批评："他们打算唯一要变得不同的是他们要掌握一门专业，使他们在社会上有一席之地，并允许他们享受其好处。只有少数人来学校是为了培养一种对'意义'模糊的渴求。"

由此而论，中国德育必须改片面的唯知识主义和技术实用理性的纯知识教育模式为全面教育的模式，也就是一种侧重于人性的德育模式。在这种模式中，我们追求的是"智德双修"的"目的理性"与"工具理性"的兼容；在这种模式中，我们需要大力加强人文精神和人文意识的培养，而所谓人文意识或人文诉求，也就是以道德力量来对抗本能和理性万能对人类文明的破坏与颠覆，使人们能够更多地从主体的内在意识去寻求外在世界和人生的最终意义。杜威曾经提出"道德即教育"或"教育即道德"的深刻命题："道德意味着行为意义的增长，至少它意味着这样一种意义的扩展：这种意义是对诸种条件观察的结果，也是行为的结果。它的全部是不断增长着的。……在道德这个词最宽泛的意义上说，道德即是教育。"这种寓道德和意义于教育之中的思想，不仅是人类自我教育的伟大传统，也是人类道德认识的光辉结晶。

具体来说，以下三点需要特别注意。

1. 人性化

首先，人性化意味着教育对人的尊重，它包括德育理念的人性化和德育环境的人性化。前者指教育者要在头脑中真正树立起受教育者之主体地位的意识，尊重受教育者的人格，不能再把受教育者当作工具，进而像对待"物""动物"那样对受教育者进行改造、加工和训练。后者则指整个德育环境都要以对"人"的方式来设计。无论就教育内容、教育方法而言，还是就师生关系而言，都应以关怀意识为底蕴。没有这种关怀底蕴，教育根本就不成其为教育。这里的实质在于一切以儿童为出发点，正如《儿童权利公约》所指出的："关于儿童的一切行动，不论是由公私社会福利机构、法院、行政当局或立法机关执行，均应以儿童的最大利益为一种首要考虑。"可以说，一切以学生的最大利益为目的，一切以学生的生命成长为目的，一切以充实学生的生活为目的，正在成为人们的共识。这是生成意义的前提。

其次，人性化还意味着自觉培养具有完满人性的人，也就是说要把价值主体的培养放在首位。强调价值主体，并不是要排斥知识，而是把知识统合于价值的意义关照之中。由此，对受教育者情感、意志等品质的培养也就必然占有极其重要的位置——它们并不比知识低贱。这样，我们才能突出"教育"的完整内涵，也才有可能培养出相对完整意义上的人性丰满的人。这一点实际上正是世界教育的发展趋势。

2. 个性化

如果说人性化侧重于对人之完整性的强调，那么个性化则侧重于对人之独特性的强调。二者是一个问题的两个方面。站在价值论的角度上，德育对人之个性的尊重其实就是对人之价值的尊重。《世界人权宣言》指出："教育的目的在于充分发展人的个性。"但我们的德育却往往以"一刀切"的方式来进行，它从来"不考虑各种不同的个性、气质、期望和才能"。这种工厂"流水线式"的工业操作模式生产出的只能是划一的"样品"，是"制器"而非"育人"。由此，这种"产品"彼此之间也就没有什么区别，完全可以互相替代和忽视。这其实是对个体存在权利的侵犯。更严重的是，这种千篇一律的模式只能造就一个毫无生机的沉闷社会，因为"一花独放不是春，万紫千红才是春"。

3. 创造性

创造性是对以上两点的延伸，这种延伸具有实质意义。人的自由本性必然要落实为人的创造性。这是人与其他自然存在物的根本不同。自然存在物只能消极地服从物种的规定而不能超越自身去选择另一种不同的存在方式。而人不同，人是实然与应然的统一，其中，"实然"归根到底是作为一个被否定的环节而内在于"应然"的。换言之，人的自由本性使人永不满足于已有的实然状态，不断向着一种更高的应然状态迈进。这种迈进本身就是创造。这种创造的价值就在于人可以凭借其创造性的活动打破肉体自身的束缚，使自己生命的存在获得开放、应然的性质。由此，人也就摆脱了自然存在物的那种封闭、既成、宿命的存在方式而获得了人的创造内涵。而一旦放弃了创造性，也就意味着把自己沦落为"物"而自动放弃了"人"的资格和身份。

传统德育对创造性的认识根本达不到上述高度，它充其量只是从一种工具层面去理解创造性，因而它所推行的那一套"复制型"模式无助于从根本上激发、培养人的创造性。它所谓的创造性，无非在"物性"的范围内给你一点灵活性罢了。因此，只要还局限于这种立场，我们就永远无法从价值论的高度去理解创造性之于人的根本价值。此外，也不能把创造性仅仅理解为一种强国富民的手段，亦即仅仅理解为一种能动的生产力因素。创造性的确包括上述内涵，但仅仅局限于此，我们就会把人蜕变为"人力"。毋宁说，价值论维度上的创造性，其内涵要丰富得多。其中最为根本的，是对自己丰满人性的创造，对自己独特个性的创造，对人生意义的创造。

总之，现代德育从根本上讲就在于它是一种创造人生意义的精神实践和可能生活。而赋予学生个体生命成长的意义，正是德育的意义功能和价值的充分体现。

三、德育的幸福功能与价值

"人在社会中生活"，生活的质量主要由幸福来衡量，生活的成就就是幸福。可以说，幸福是人无法回避的关涉自身命运的永恒主题。当然，人的生活是在社会中展开的，人无法脱离社会而生活，但这并不意味人的生活是为了社会，因为"社会只是生活的必要手段，生活本身的质量才是生活的目的"。作为人的一种生活方式，德育本身具有幸福功能和价值，这也表明，德育必须把人的幸福作为重要的主题来对待。

（一）创造幸福：生活的根本目的

人类对幸福的追求从来没有中断过。古代的亚里士多德就曾经把伦理学定位为关于幸福的学科。近代的洛克则指出人生来就有追求幸福的自然权利。他认为，如果说每个人都有保全自己的自然权利的话，就必然具有对其自我保全所必需的一切东西的权利，因为人们不仅具有自我保全的自然权利，而且也有追求幸福的自然权利。美国的《独立宣言》则以更为简练明晰的语言把追求幸福的权利与生命权、自由权并列为不可剥夺的基本人权。如果说以上主要侧重于成年人的幸福，那么首届的"世界儿童问题首脑会议"通过的《儿童的生存、保护和发展世界宣言》则强调了儿童的幸福：儿童时代应该是欢乐祥和的时代，是游戏、学习和成长的时代，也就是幸福的时代。之所以每个人都向往、追求、创造和享受幸福，是因为幸福是人之生活的根本目的。在这个层面上，前文所说的正义与意义，都是为人的幸福服务的。只有解决了社会维度上的正义问题和个体维度上的意义问题，幸福生活才有可能得以实现，而正义与意义也在人的幸福生活中统一起来。

（二）幸福的内涵

尽管幸福是人人渴望的，但关于幸福的理解却存在着不同的观点。以下是几种有代表性的幸福观。

1. 亚里士多德的观点

作为德性伦理的卓越倡导者，亚里士多德认为人的幸福在于德性。所谓德性，

"就是既使得一个人好又使得他出色地完成他的活动的品质",而幸福就是那种合乎德性的实现活动,它本身就是一种最高善。作为一种最高的善,幸福本身是自足的。"自足是指一事物自身便使得生活值得欲求且无所缺乏,我们认为幸福就是这样的事物。不仅如此,我们还认为幸福是所有善事物中最值得欲求的、不可与其他善事物并列的东西。……所以幸福是完善的和自足的,是所有活动的目的。"也就是说,作为"因其自身而不是因某种其他事物而值得欲求的实现活动",幸福本身被"看作人的目的"。而幸福的生活恰恰就在于德性的实现活动之中。

2. 康德的观点

作为义务论伦理学的代表人物,康德认为,幸福属于感性的自然领域,而道德或德行属于实践理性的自由领域,所以,"道德学根本就不是关于我们如何谋得幸福的学说,而是关于我们应当如何配当幸福的学说"。康德关注的是德福相配,也就是至善问题,"德行和幸福一起构成了一个人对至善的拥有"。不过,德行与幸福在至善中的地位不同,德行是第一位的,幸福是第二位的,良好的德行是配享幸福的前提:一个德行越大的人,也就应该配享更大的幸福,即幸福与德行成正比。正是基于此,康德才对提升人的德行的教育和德育寄予厚望:"人的天性将通过教育而越来越好地得到发展,而且人们可以使教育具有一种合乎人性的形式。这为我们展示了一种未来的、更加幸福的人类的前景。"

3. 赵汀阳的观点

中国学者赵汀阳认为:"追求幸福是每个人的生活动力……如果不去追求幸福,生活就毫无意义而且不可想象。"幸福是生活本身的成就,它本身自成目的。赵汀阳从"可能生活"的角度来揭示幸福的内涵。所谓可能生活,就是"每个人所意味着去实现的生活。人的每一种生活能力都意味着一种可能生活。尽可能去实现各种可能生活就是人的目的论的行动原则,就是目的论意义上的道德原则,是幸福生活的一个最基本条件"。在他看来,幸福不在于德性本身,也不是单纯的快乐,而在于追求、创造有意义的人生,实现人之为人的各种可能生活。幸福是通过人的自由去创造生活的意义,因为"所有幸福都来自创造性生活,重复性活动只是生存"。幸福的关键就在于充分利用自由去创造自己的可能生活。

第二章 德育模式、途径与方法

第一节 德育模式

德育模式是联结德育理论与德育实践的纽带，是在德育实施过程中，道德理论与德育目标、德育内容、德育手段、德育方法、德育途径等的某种组合方式。了解德育模式的内涵、特征及其类型是达成德育目标的前提和保证。

一、德育模式的内涵

（一）模式

"模式"一词源于拉丁文modus，意思是与手有关的定型化的操作样式。它最初只是指对操作过程的经验性的概括，以后这一词上升到更抽象的意义，一般通用为"方式"，如生产方式、生活方式等。20世纪后随着社会活动的多样化，又从"方式"中分离出来，意指某种方式中的具体的定型化的活动形式或活动结构。在英文里，有两个英文词汇与"模式"相对应。一是model，意指"模型、原型、样式、假设模型"，其通俗意义指可以模仿学习的典范、范例。二是paradigm，译为"派典"，又称范例、样式、范式，它主要不是理论本身的内容，而是理论所揭示的思考方式（ways of thinking）或研究的形态（patterns for research），研究架构。美国两位比较政治学者比尔和哈德格雷夫认为模式是再现现实的一种理论性的、简化的形式。

《现代汉语词典》中模式的定义是："某种事物的标准形式或使人可以照着做的样式。"这种静态的界定，显然与我们现在对该词的理解运用有一定的差距。现在通常把模式定义为"再现现实的一种理论性的简化形式"。把模式看作是经验与科学之间，现实与理论之间转换的中介，能够用它简约性地表现事物和现象的各种关系和变化规则。把握模式的含义，需注意三点：第一，模式是现实的再现。即模式是现实的抽象概括，它来源于现实。第二，模式是理论性的形式。模式是一种理论，而非工艺性方法、方案或计划。第三，模式是简化的形式。模式是经理性思考高度抽象概括后，以经济明了的方式表达出来的。

（二）德育模式

"德育模式即道德教育模式，是在道德教育理论和实践的发展中逐步形成的、用以组织和实施道德教育过程的典型化范式。"他是在一定社会条件下，以一定德育理论为基础发展起来，并由实际操作中逐步完善而形成的一种道德教育的范式。它既有理论研究，也有实际操作的经验积累，是有效体现和论证乃至发展道德教育理论的一种系统的教育方式。"任何德育模式均可以分解为德育主体、德育内容、德育方法和德育途径四个要素，并具有理论和指导双重功能。"

首先，德育模式不是德育方法，它与讲授、谈话等德育方法显然不属同一层次；其次，德育模式不是德育计划，计划是它的外在轮廓，仅此不足以揭示其所包含的德育思想和意向；再次，德育模式也不是理论，至少不仅仅是理论，它还内含着程序、结构、原则、策略等，远比纯理论丰富得多。所以，德育的方法、计划、理论、结构、程序等都是构成模式的某个要素或侧面。德育模式是德育理论与德育实践之间的桥梁和中介，是对复杂抽象的德育理论的简约化和具体化，同时它又不等同于具体的德育经验，是对实践经验的概括和总结。它以简明扼要的形式和易于操作的程序，反映有关德育理论的基本特征，使德育实际工作者能对抽象的德育理论有一个易于理解的具体框架。它是一般原理与具体条件相结合，原理的共性与具体的个性相结合而形成的活动结构或活动形式，是德育过程中的一种参照性指导方略。"模式"可以更有效地帮助人们进行工作，提高工作质量和效率。

二、国内外主要德育模式

19世纪末到20世纪末，许多道德教育理论家和思想家围绕道德教育的性质、目的、任务、内容和方法等根本问题进行了研究，形成了各种各样的道德教育学说和道德教育模式。

（一）国外主要德育模式

从20世纪后半期以来，各国德育理论研究者和实践者提出和实施了许多德育模式，其中影响较大的有涂尔干的道德教育社会化模式、拉斯的价值澄清模式、皮亚杰与柯尔伯格的道德认知发展模式、麦克费菲尔的体谅模式、班杜拉的社会学习模式、纽曼的社会行动模式等，这里我们主要介绍道德认知发展模式、体谅模式与价值澄清模式。

1. 皮亚杰的道德认知发展模式

瑞士心理学家皮亚杰早在20世纪30年代，依据精神分析学派的投射原理，采用对偶故事对儿童的道德认知发展进行了系统研究。他认为，一个人道德上的成熟主要表现在尊重准则和社会公正感这两个方面。一个有道德的人能按社会规定的准则公平地、公道地对待别人。儿童道德判断的发展与儿童认知发展的阶段相平行，儿童道德发展的进程可以在他们的认知进程中找到证据。他设计了一些包含道德价值内容的对偶故事让儿童回答，要求儿童辨认是非对错，从他们对特定行为情境的评价中投射并推测出儿童现有的道德认知和道德判断水平。通过大量研究，他发现并总结出了儿童道德认知发展的总规律，即儿童道德的发展经历了一个从他律到自律的认识、转化发展过程。所谓他律，是指早期儿童的道德判断只注意行为的客观效果，不关心主观动机，是受自身以外的价值标准所支配的道德判断，具有客体性。所谓自律，则是指儿童自己的主观价值主观标准所支配的道德判断，具有主体性。他律水平和自律水平是儿童道德判断的两级水平。

2. 柯尔伯格的道德认知发展模式

美国心理学家柯尔伯格运用"道德两难故事法"对儿童的道德判断问题进行了大量的追踪研究和跨文化研究，扩展了皮亚杰的理论，对儿童道德判断的研究更加具体、精细和系统，他反对相对主义的道德价值观，主张建立普遍的道德价值，并提出了"道德发展阶段理论"，认为儿童的道德判断是按三个水平、六个阶段向前发展的。

（1）道德判断的重要假设

美国心理学家柯尔伯格在继承英国心理学家麦独孤和瑞士心理学家皮亚杰的一些学说基础上，就道德教育的哲学和心理学基础进行了专门的探讨，对儿童道德认知发展和道德教育提出了个人的主张。柯尔伯格认为儿童的道德判断普遍存在与其行为不一致的现象，但是，个体道德判断能力的发展水平越高，道德判断与行为的一致性程度就越高。因此，柯尔伯格认为道德发展的关键是学生道德判断能力的发展。

关于道德判断，他提出了如下重要假设。第一，道德判断形式反映个体道德判断水平。他认为，道德判断有内容与形式之别。所谓道德判断内容就是对道德问题所作的"该"或"不该""对"或"错"的回答；所谓道德判断形式指的是判断的理由以及说明过程中所包含的推理方式。第二，个体的道德判断形式处于不断发展之中。他设计了"两难故事法"用以测定青少年的道德发展水平和阶段，并提出了著名的道德发展"三水平六阶段"模式。第三，冲突的交往和生活情境最适合于促进个体道德判断力的发展。柯尔伯格及其合作者还对道德发展的动因进行了研究，他们认为，道德的发展是学习的结果，道德的发展有赖于个体的道德自主性，是个体自身与外界交互作用的产物，冲突的交往和生活情境最适合于促进个体道德判断力的发展。

如何促进儿童的道德判断能力的发展呢？柯尔伯格认为带有冲突性的交往和生活情境最适合于促进个体道德判断能力的发展。儿童通过对假设性道德两难问题的讨论，能够理解和同化高于自己一个阶段的同伴的道德推理，拒斥低于自己道德阶段的同伴的道德推理，因此，围绕道德两难问题的小组讨论是促进学生道德发展的一种有效手段。由此看出，柯尔伯格十分重视道德两难问题的构建、讨论和应用。事实上，道德两难问题也正是他阐述、分析儿童道德发展的一个重要基础和证据。

（2）儿童道德发展阶段

前面说过，儿童会接受高于自己一个发展阶段同伴的道德推理，拒斥低于自己的发展阶段的同伴推理，那么，儿童的道德发展到底有哪些阶段和特征呢？对此，柯尔伯格作出了著名的儿童道德发展阶段的划分。他在将道德品质分成是非观念、权力观念、责任观念、赏罚观念、道德意图、行为后果等不同类别的基础上，划分出了儿童道德判断发展的3种水平、6个阶段，并认为这3种水平、6个阶段是按照不变的顺序由低到高逐步发展的。

（3）道德教育理论

发展性辅导的一个主要内容就是人格辅导，而道德发展的成熟显然又是完善人格的一个重要方面。所以，柯尔伯格的道德发展阶段理论，对于从道德判断这一角度认识儿童道德品质的形成具有积极意义；对于发展性辅导人员从发展的立场，帮助儿童提高道德认识，具有重要的参考价值。

第一，道德教育旨在促进道德判断的发展及其与行为的一致性。该模式强调道德教育的目的，首先在于促进学生的道德判断不断向更高水平和阶段发展，其次在于促进学生道德判断与行为的一致性。

第二，道德教育应该奉行发展性原则。该原则根据儿童已有的发展水平确定教育内容，创造机会让学生接触和思考高于其一个阶段的道德理由和道德推理方式，赞成学生认知失衡，引导学生在寻求新的认知平衡之中不断地提高道德判断水平。

第三，把道德判断的原则直接教给人们的方法并不可取，因为道德认知都是发自内心的，而变化又都是渐进的，因此，促进人们的道德发展要按照一定阶段和顺序来进行。

第四，不能以教育者的权威从外面向人们灌输道德观念，道德认知的变化乃是人们遭遇到某种道德上的冲突而引起的，所以，教育者的主要任务就是帮助被教育者注意到真正的道德冲突，思考用于解决这种冲突的理由是否恰当，发现解决这种冲突的新的思想方法。

第五，社会环境对人们道德发展具有巨大作用，在学校中要树立良好的公正群体气氛，这是道德教育必要的条件。

（4）该模式的优点

一是提出以公正观发展为主线的德育发展阶段理论，通过实证研究，做出了完整的理性阐述；二是建构了较为科学的道德发展观，提出智力与道德判断力关系的一般观点；三是通过实验建立了崭新的学校德育模式，提出课堂道德讨论法、公正团体法等一系列可操作性德育过程，重新确立了人的主体性和学校德育的功能。

（5）该模式的缺陷

一是太过于强调认知力的作用，忽视了对道德行动的研究，而后者对德育来说才是最重要的；二是强调了道德判断的形式而忽视了内容的作用，忽视了道德发展中的情感因素；三是阶段理论有缺陷，并不是所有的人都会出现6个阶段，各阶段之间可以出现可逆性；四是在批评传统德育靠机械重复训练的做法时却完全排斥了道德习惯的作用。

（6）道德教育的方法和策略

根据发展性原则，认知道德发展模式实施德育的方法和策略包括：

第一，了解学生当前的道德判断发展水平；

第二，运用道德难题引起学生的意见分歧和认知失衡；

第三，向学生揭示比他们高一阶段的道德推理方式；

第四，引导学生在比较中自动接受比自己原有的道德推理方式更为合理的推理方式；

第五，鼓励学生把自己的道德判断付诸行动。

3．体谅模式

体谅或学会关心的道德教育模式形成于20世纪70年代，为英国学校德育学家彼得·麦克费尔和他的同事托马斯、查普曼所创立，风靡于英国和北美。与认知性道德发展模式强调道德认知发展不同，体谅模式把道德情感的培养置于中心地位。

（1）理论假设

体谅模式关于学校德育的基本假设是：第一，与人友好相处是人类的基本需要，帮助学生满足这种需要是教育的职责。第二，道德教育重在提高学生的人际意识和社会意识，引导学生学会关心，学会体谅。第三，鼓励青少年试验各种不同的角色和身份。第四，教育即学会关心。教师引导学生学会关心的最佳办法，就是教师自己去学会关心。学生更欢迎反应灵敏、善解人意的成年人的帮助，他们喜欢自信而正直的家长和教师。

（2）围绕人际——社会情境问题的道德教育

他们强调学校应该重视营造和谐的人际关系和社会关系。他们编制的"生命线"丛书中，提出了实施体谅模式的支柱，主要由三部分构成：第一，设身处地。其目的在于发展个体体谅他人的动机。第二，证明规则。其一般目的在于给学生以机会，以设法解决当他们试图取得成年人的地位并在与其他成年人平等的基础上生活和工作时发生的各种常见的问题，具体目的在于帮助青少年学生形成健全的同一性意识，并把自己视为对自己的共同体做出贡献的人。第三，付诸行动。通过向学生展示以历史事实或现实为基础的道德困境，其宗旨在于回答这样一个问题："如果是你，会怎样做？"

（3）体谅模式的优点

有助于教师较全面地认识学生对特定人际一社会问题的各种可能反应；有助于教师较全面地认识学生在解决特定的人际一社会问题可能遭到的种种困难，以便更好地帮助学生学会关心；提供了一系列可能的反应，教师能够根据它们指导学生围绕大家提出的行动方针进行讨论或角色扮演的主题，提供了一整套提高学生人际意识和社会意识的开放性情境教材，并为教师了解和使用这套教材提供了一系列的教师指南。

（4）体谅模式在理论上的缺陷

第一，麦克费尔对于青少年学生的需要和特点的描述带有鲜明的人本主义色彩，但他关于道德感染、道德表率、观察学习和社会模仿的观点又有明显的行为主义倾向。用如此不同甚至对立的理论作为同一德育模式的理论基础，西方评论家对此表示非常疑惑。

第二，麦克费尔的研究对象主要是12~18岁的西方文化背景下的中产阶级子弟，他关于社会反应的道德分类的普适性值得怀疑。

第三，麦克费尔关于青少年期是人生"社会试验期"的理论假设不完全可靠，也许人生的"社会试验期"早在少年期来临之前就已经开始了。

4. 价值澄清模式

20世纪六七十年代，美国社会面临着移民社会、工业化程度迅猛加快等因素带来的价值多元化的冲击。对此，路易斯·拉斯等人从杜威的经验主义价值论、人本主义心理学尊重儿童的角度出发，提出了价值澄清理论。这一学派的主要代表人物有哈明，西蒙等人。其理论的最大特点是强调个人价值选择的自由，将价值教育的重点从价值内容转移到澄清个人价值的过程上去。也就是说，教师从事教育工作的任务是帮助学生澄清他们自己的价值观而非将教师认可的价值观传授给学生。价值澄清理论关注的主要是价值观教育他们认为，个人的价值或价值观是经验的产物，不同的经验就会产生不同的价值（观），价值的形成与发展完全是个人选择的结果。

价值澄清理论最早是作为一种教学方法于20世纪20年代出现，到60年代逐步发展成一个学派。价值澄清理论的提出一方面是针对战后西方日益严重的道德问题，特别是针对学校德育中的灌输模式所带来的种种困难；另一方面它也可说是多元文化社会发展的必然结果。

（1）理论假设

价值澄清理论是建立在以下假设基础之上的：第一，当代社会充满互相冲突的价值观念，而这些价值观念又通过各种渠道影响着青少年学生的道德价值观念的形成和发展；第二，在当代多元的社会背景之下，几乎找不到一套公认的道德个人价值观念和道德标准。因此，该模式力图找到一种不受各种各样具体道德内容、道德准则和道德规范制约的普遍适用的价值观。

价值澄清学派认为，当代社会根本不存在一套公认的道德原则或价值观可传递给儿童，当代儿童生活在价值观日益多元化且相互冲突的世界，在每一个转折关头或处理每件事务时，都面临选择。选择时人们都依据自己的价值观，但常常不清楚所持的价值观到底是什么就已做出了选择。因此，要创造条件，利用一切有效途径和方法帮助青少年澄清他们选择时所依据的内心价值观，并把其公之于众，这对他们进行正确选择，并付诸行动是有意义的。

（2）主要观点

价值澄清理论指在人的价值观形成过程中，通过分析和评价的手段，帮助人们减少价值混乱，促进同一价值观的形成，并在这一过程中有效发展学生思考和理解人类价值观的能力的模式。它主张价值观的形成不是通过灌输而是通过澄清的方法，在评价过程中实现的是通过选择、赞扬和实践过程来增进富于理智的价值选择。

（3）采用价值澄清法的基本原则

避免说教、批评、灌输．不要把焦点集中于对或错上面；促进学生反思自己的行为，要让学生独立负责地作出决定；不要强求学生有问必答；澄清法主要在营造气氛，目标是有限的；主要帮助学生澄清自己的思想和生活；避免空泛的讨论，要及时结束讨论；不要针对个人；教师不必对学生的话和行为都作出反应；不要使学生迎合教师；避免千篇一律。

（4）价值澄清的主要教学方法

正如价值澄清学派所宣称的那样，他们更注重学生获得价值观的过程，更重视培养学生对价值观的学习能力，所以他们不对具体的价值观内容进行研究，而是发展了许多如何传授价值观的方法。据不完全统计，有超过100种教学方法，以下对其中最常用的策略进行介绍和评析。

第二章 德育模式、途径与方法

①澄清应答法

澄清应答法是一种重要的价值澄清方法，通常指向单个学生，以短暂的、非正式的对话方式出现在课堂上、走廊上、操场上或其他教师能接触到学生的任何地方，通过教师对学生所说的话或所做的事作出反应，促使学生在头脑中提出问题，反省自己的生活、行为和思想，从而澄清他们自己的价值观。通过对话来进行价值观教育对教师的要求非常高，因为既然是对话，就不是单纯由教师说学生听，教师就不能一开始就定下对话的基调，就不能直接限定什么是好、什么是坏，否则学生很有可能假装顺从教师的意思。成功的对话需要给学生留下表达自己思想的空间，教师需要自己有明确的价值观，能够引导对话，更需要教师有倾听和对话的技巧，能够敏锐地抓住对话的时机对学生进行价值引导。

②价值单填写法

如果说澄清应答法主要是一种随机的、日常的价值澄清方法，那么价值单填写法则主要是一种经过精心设计的、深层次的价值观思考，主要用于那些不大适合口头交换意见的场景和问题如政治、宗教等问题。价值单填写法是由教师选择某一能引起深思的社会问题，并设计一系列相关问题，先由学生独立填写价值单，然后学生之间或师生之间可以就这些答案进行交流。

价值单填写法的要领如下：首先，选择有价值意义并容易出现价值冲突的社会问题，并巧妙地设计问题，从而帮助学生澄清一些重要的价值观。其次，要求个体独立并谨慎地回答问题，并且坚决要求书面回答，因为书面回答比纯粹的口头谈论需要更认真的思考。再次，在独立完成价值单后，鼓励学生公开自己的答案，并与同学或教师进行小范围的交流。拉斯的实证研究表明，价值单填写作为一种正式的课堂价值观教育，在引导学生关注一些重要的社会问题，并帮助他们澄清自己的价值观方面确有成效。这对我们如何进行有效的信息伦理等价值观教育很有启发。

③价值观延续讨论法

前面所提到的澄清应答与价值单填写主要是针对个体进行的，而针对班级团体进行价值澄清也很重要，可以让学生个体在了解自己的基础上了解别人，达到相互理解与支持。这里我们所说的价值观延续讨论法正是通过团体讨论帮助学生更加明确自己的价值观，并努力理解别人的价值观。因为讨论很容易变成无意义的争执或者变成少数几个健谈的、表达能力强的学生的小范围讨论，其他大多数的学生说不上几句或者有些根本一言不发。所以集体讨论必须有细致周到的计划。拉斯认为，集体讨论可以分几个步骤：

首先，认真选择学生深感困惑的问题，设计出富有价值意义的主题。选择主题时可以是教师自己选出，也可以是根据学生当前感兴趣的东西而选出等。至于如何引出主题就要根据主题的特点来选择，方式很多，如引文、图片、多媒体、提问、故事等。

第二步是要求所有学生在讨论之前安静地思考问题，给学生一定的思考时间，并最好做笔记，给每个学生留有思考的余地。这样有两个好处：能令学生慎言；能令那些不习惯于思考的学生有思考的余地，不至于在讨论中无法发言。

第三步是有组织地交流，把学生分成若干小团体进行小范围内的讨论，尽量使每个学生都有发言的机会，并要求每个学生做笔记。

最后是帮助学生获得知识，通过让小团体派代表在全班发言，相互交流学到的知识。我们也经常运用团体讨论的方法来学习富有争议性或价值意义的问题，但经常比较随意，拉斯所提出的一系列操作步骤对于我们规范讨论的内容和程序，提高讨论的质量和效果将会很有帮助。

（5）价值澄清法的优点

注重儿童在品德发展中的地位，尊重儿童的主体作用；注重发展儿童的价值观选择能力，促进了对传统德育硬性灌输说教方法的改造；注重现实生活，能提高学生感知社会问题的敏感性和适应社会生活能力；有较强的实践性，它所提供的多种方法都有一套能为师生掌握的可操作程序，根据这个程序进行教学和评价，有章可循，易教易学。

（6）价值澄清法模式的不足

注重道德教育的形式而忽视了甚至否定了德育的具体内容；该模式倡导相对主义价值观，以其作为整个理论和方法体系的基础，无视人类共同价值的存在，强调每人都有自己的价值，而且这些价值都是合理、值得尊重的，实际上已经陷入极端个人相对主义的窠臼。

（二）我国学校德育模式

随着我国与西方文化交流的增多，越来越多的西方德育理论和德育模式被介绍进我国，为我国的德育理论和模式研究开拓了新的视野，也促进了我国本土德育模式建构和德育理论的探索。目前，我国的德育模式大多还没有形成较为完善的操作策略体系，更多的只能称为理论模式。影响较大、讨论较多并被赋予模式之名的主要有灌输式德育模式、活动德育模式、主体性德育模式等。这些模式虽然借鉴了西方的德育理论及德育模式，但在我国的教育文化中，有着独特的内涵。

1. 灌输式德育模式

在性质上，灌输式德育是一种强制的、封闭的教育；在目的上，它试图通过一切可能的方法和措施使学生接受并最终形成特定社会所要求的固定的价值观念和道德行为习惯；在内容上，所要传授给学生的乃是人们推崇并为大多数人一致认可的、具体的道德规范；在方法上，通常诉诸直接的问答式教学、规劝、说服、强迫执行、训诫、奖惩以及榜样等。这种教育实质上是一种僵化的教育形式。一方面，它无视儿童的兴趣和需要；另一方面，它与现实的社会生活无关。由于用一种固定教条教育学生，因而在很大程度上禁锢了学生的思想，窒息了学生的自主性和创造性。总之，这种灌输教育的核心是强制和服从，而不是创造和自主，是一种无视学生主体，目中无人的教育。

而随着改革开放的深入发展和社会主义市场经济建设的全面展开，我国进入了一个以社会主义现代化为目标的全面深刻的社会变革时期，人们在思想观念和价值取向上也发生了较大的变化。过去那种在计划经济体制下的统一的道德意识已经被冲破，价值取向的多样化和价值选择的务实化成为鲜明的时代特征。人们的道德心理和行为特征由封闭向开放、由单一向多元、由依赖顺从型向独立自主型发展。在如此重大的社会变革和如此强烈的社会要求下，以教师说教、讲授为主的强制、灌输式的道德教育模式，由于其忽视现代社会开放和价值多元的现实，忽视现代社会对自主性和创造精神的呼唤，因而表现出明显的不适应，并在实践中受到来自多方面的责难，一种新的道德教育模式呼之欲出。

2. 活动德育模式

活动德育模式作为一种教育方式，就是对学生道德教育过程施加外在的影响，使思想品德形成过程的内在结构发生变化，通过内外交流互动而起到积极有效的教育作用，以提高德育工作的实效，对于道德建设具有十分重要的意义。

（1）活动德育模式的内涵

活动德育模式是在活动中产生的，而且是通过活动来实施的一种道德教育模式，其实质在于认定活动（个体的自主活动）既是道德教育的目的，又是道德教育的手段。它是在反省传统道德教育的基础上提出的，其本质在于突出道德教育的主体性。

（2）活动德育模式的基本特征

①全体性

在活动中进行思想道德教育，充分体现了素质教育全体性的要求，使每个学生在活动中都能得到公平的对待、公正的评价及人格的尊重，所以，活动道德教育模式具有全体性的特征。

②主体性

活动最能体现尊重学生的主体地位，在平等的关系中、民主的气氛之下，学生能愉悦主动地积极投入活动，能动地面对活动实践中的道德冲突，作出自己的道德判断、道德评价，活动德育模式体现了学生主体性的特征。

③基础性

活动德育模式是根据学生的认知特点来确定德育内容与组织活动的，目的是为学生德育素质的形成和发展打好基础，同时，为学生将来在社会中做人打好素质基础，所以，活动德育模式具有基础性的特征。

④全面性

在德育活动组织过程中，除了形成学生的思想政治素质以外，还注重学生个性的形成和对其他几育的促进。所以，活动德育模式具有全面性的特征。

"活动是个体道德形成、发展的根源与动力"，实施活动德育模式，就是通过学生自主参与的、以学生的兴趣和道德需要为基础的、以促进个体道德整体发展和社会和谐为目的的社会交往活动，来促进学生加深对道德规则的理解，形成和发展学生自觉的道德行为习惯。这种德育模式要求学校教育要树立主体性的教育观；转变德育课程观，建立以活动课程为主导的德育课程理念和课程体系，全面建立合作、民主的师生关系，创设有助于启发学生主体意识、锻炼学生自主道德意识和道德实践能力的教育氛围，使学生由教育过程中的被动接受者变成积极参与者；建立同学之间健康的合作活动环境，在合作和交往中培养学生的自我意识、自我评价能力、责任感和义务感；建立学生参与学校管理、从事自我管理的教育管理机制，培养学生的参与、自治能力，增强其民主意识和责任感。

活动德育模式试图通过让学生自主参与活动，加深学生对道德规范的认识，养成学生的道德行为习惯，以解决知行统一这一道德教育问题。它是一种与认知主义互补的德育形式，是对当代认知主义道德教育的补充。

3. 主体性德育模式

主体性德育的着眼点是以学生个体为中心，努力转变"游击战式的临时教育""运动战式的应急教育"，而代之以扎扎实实的、贴近学生实际的"主体性德育"。价值观多元化的时代，人们越来越重视德育的主体性作用。

（1）主体性德育模式的内涵

主体性德育，就是教育者和受教育者通过以道德文化为中介的交往而实现的受教育者的德性的自我建构的实践活动。主体性德育模式是随着主体性教育理论的讨论而产生的，可以说它是在反思我国传统教育对人的个性的压抑，在借鉴西方个体主体性思想的基础上提出的。作为对传统灌输式道德教育的扬弃，主体性道德教育继承了传统教育对道德认识的重视，但它变革了受教育者在道德教育中的被动性，而倡导参与和体验；变革传统道德教育的社会本位倾向，从追寻道德的人性意蕴入手，重构道德的生命性和道德教育的生活价值。

第二章 德育模式、途径与方法

（2）主体性德育模式的特征

主体性德育思想运用到德育实践中就构成了主体性德育模式，它具有如下的特点：

①学生是德育的主体

在德育活动中，以学生为主体，是主体性德育的一个基本理念。德育是有目的地向受教育者施加教育影响，促使其实现社会思想道德个体化和个体思想道德社会化。德育的目的是使人适应社会和满足社会的要求。因此，人们往往将德育理解为是一种外在的约束力，只是强调德育对于人与人、人与社会的规范和调节作用。事实上，人与社会是一种辩证的关系。人生活于社会之中，社会是人的生存之地。人的生存与发展要受到社会生活、社会关系的制约与影响；另一方面，人的实践活动影响和改变着社会。人是根本性的，正是由于人的存在，社会的存在才有意义。人的社会实践活动，归根到底是为了人能获得自身的发展。既然人是目的，那么，德育作为一种促进人发展的教育实践活动，它直接指向的就是人，就是以人为本，以发展人作为其活动的目的。因而，在主体性德育中，每一个学生都是独立的主体，他们都具有个人的意志、人格与思想，具有自主选择、自我发展的需要和权利。德育应当尊重学生的主体地位、人格尊严和独立品格。德育的这一根本目的，决定了在德育的诸多功能中，育人的功能是首位的，也就是将促进学生主体发展放在首位，体现了"教育作为一种培养人的实践活动，它所具有的超越性的特征"。这种超越性是通过学生主体来实现的。通过德育，能使学生从一个自在的人成为一个自为的人，从"学会生存"到能"学会发展"，从被动地适应社会主动地改造社会。教育的"超越性发展，究其实质即是人的主体性的发展"。

②学生德性的形成是多种道德素质协调发展的结果

主体性德育理论是一种基于真、善、美的角度来发展人的主体性的理论。人的主体性发展既要用德性的导向，还要在道德知识、道德意志、道德行为等方面全面、和谐的发展，形成较为合理的品德素质结构。长期以来，在道德教育中，教师们往往过分强调道德知识的重要性，在道德知识的传授中又未能脱离"灌输"的老框框。这种灌输忽视了新生代学生的人格发展特点，是造成德育乏力、品德课实效性不高的根本症结所在。因为它忽视了这样一个事实：人们知道什么是真理，不等于知道为什么这是真理；知道为什么是真理，不等于知道应当怎么去做；知道怎么做，不等于愿意并真正去做。学生道德水平的发展是多种道德素质协调发展的结果，在道德教育中过分强调某方面教育而忽视其他方面，势必使学生的整体品德素质发展受损。所以对内，不仅教会学生知善、行善的能力，提高他们的道德认知，更重要的是激发学生的道德意向和情感体验，形成稳定的情感和正确的情感定向。通过认识、体验，把道德教育内容带进人的生活情境，与个体的生活经验及其感受联系起来，从而进一步理解价值、体验价值、力行价值，实现道德行为。对外，道德教育要引导他们积极构建完整的道德生活，获得丰富的道德经验。对此，关键是要培养学生的道德行为习惯。通过经常反复的道德践行，把一种外在的、被动道德要求化为内在的、自觉的道德要求，把某时某地偶尔的道德行为变成持久的、恒定的道德习惯，使德性之花绽开在他们生活的时时处处。

③学生德性是主体的自主建构

学生主体的发展需要德性的支撑，但德性的获得不是其内部自然生成，也不是依靠外部的灌输，而是要主体自主的建构。首先，人是道德的主体，人应自己主宰自己的精神理念，反对道德上的强制性。德性虽然是一种正确的价值导向，但作为一种外部影响，也只有得到主体的认识后才能内化为主体的德性。其次，人的德性的形成与发展是主体自主选择的结果。教育只能影响人，不能以教育者的思想替代受教育者的思想，对主体性德育来说，它要启发和引导学生自觉自主的选择性。它主张教师与学生之间应建立民主、平等、双向的互动，营造良好的民主氛围和宽松的教学环境。学生主体要根据面临的具体情况、条件，创造性地解决道德问题。要给学生主体道德选择的空间，允许学生在多元文化下对各种道德体系进行比较分析，独立思考，加深对道德的理解。在建构学生主体的德性时，要引导和发挥学生的能动性，要了解学生已有的思想基础和品德现状，从学生的实际出发，而不是从教育要求出发设置德育起点。德育要走进学生的生活世界和心灵世界，这是构建学生自身德性的经验来源。以活动的方式开展德育，通过体验、参与、交往、对话等互动性和社会性的形式，促进学生自主德性的构建。

三、德育模式的发展趋势

从上述德育模式的阐述中，我们可以看出当代德育模式发展具有如下特点和趋势。

（一）反对道德灌输

传统的传递—接受模式由于强制性的道德灌输而受到人们的批评。柯尔伯格认为，灌输既不是一种教授道德的方法，也不是一种道德的教学方法。因此，无论是道德认知发展模式、价值澄清模式、体谅关心模式还是社会行动模式，都反对强制性的道德灌输，强调让学生通过自主探究、审慎思考，做出深思熟虑的判断选择。这些模式从形式到内容、从实践策略到方法都具有明显的反灌输的特征。

（二）尊重学生的主体地位

传统的德育模式往往无视学生在德育过程中的主体地位，把学生仅仅看作是等待塑造的客体，等待盛装美德的袋子。学生只有被动地接受来自教师的灌输，没有自主性、能动性、选择性，这不利于学生品德的发展。因此，当代这些新的德育模式都主张在德育过程中要尊重学生的主体性，尊重学生的要求和愿望；要相信学生，给学生自我判断和自我选择的权利，强调通过各种自主活动来实现学生的主体性。

（三）突出品德能力的培养

当代新的德育模式普遍对传统德育模式只重视德育内容的传递进行了批评，强调学生品德能力的培养。柯尔伯格主张道德教育应促进个体道德认知能力尤其是道德判断能力的培养。社会行动模式主张德育的目的是培养学生影响环境的能力，可见，尽管对品德能力的理解和重视的方面不同，但强调能力的培养却无疑是各模式的共同趋势。

（四）强调道德行为的训练

传统德育模式往往更重视道德知识的传递，只是让学生知道应该如何去行动，但并不重视学生行为习惯的培养和训练，极易造成学生的言行不一，知行脱节。因此，新的德育模式开始关注甚至致力于学生道德行为的培养，带有明显的行为培养取向。特别是纽曼的社会行动模式更突出强调道德行为的训练，而且这一强调不仅仅停留在理论探讨上，在实践中也采取切实的策略方法对学生进行训练。

（五）注重道德情感体验

道德情感在学生品德的形成与发展中起着至关重要的作用，它既是由知到信转化的中介，又是道德行为的动力。因此，当代的德育模式都重视学生的道德情感问题，他们或把情感作为学生掌握道德知识、发展道德能力的一个手段，或把情感作为道德教育的一个重要目标。其中体谅模式就是一个典型代表，它主张满足人类爱与被爱、与人友好相处的需要是德育的首要职责，并通过一些具体的环节、方法进行道德情感的培养。可见注重情感的培养与激发已成为德育模式的一个发展趋势。

第二节 德育途径

德育途径是指德育实施的渠道和形式，学校为了向学生施加德育影响而组织的各种活动、开展的各项工作都是德育的途径。

一、思想品德课与其他各科教学

这是学校有目的、有计划、系统地对学生进行德育的基本途径，是学校教育具有社会主义性质的一个重要标志，也是进行思想品德教育的重要形式。

（一）思想品德课

思想品德课是对学生系统地进行公民品德教育的必修课程，是帮助学生确立正确的政治方向，树立科学的世界观、人生观和价值观，形成良好道德品质的主要途径。同时思想政治课教育教学活动是学校德育工作的主渠道。作为思想品德课的教师要有改革和创新意识，积极探索并构建新的教学模式，努力增强思想品课德育的实效性。

1. 创造性地使用教材，发挥思想品德课的育人效果

教材是教学内容和教学要求的具体体现，是进行教学和思想品德教育的重要载体。思想品德课的教学内容立足于心理健康教育、道德教育、法律和国情教育，教材中的许多内容蕴含着丰富的思想道德教育内容，能够直接影响学生的情趣、情感、情操及道德。因此，在教学过程中，我们应该依据教材内容，尽量挖掘出其所蕴含的思想道德教育内容，把思想道德教育融入每一单元每一课时中，采用灵活多样的教学方式，促进学生良好道德的形成。思想品德课教育的价值在于唤醒、弘扬、生发和不断提升人们心中的"向善性"，培育和养成学生的良好德行。挖掘教材本身固有的思想道德教育内涵，注重知、情、意、行的教育，注重道德健全的培养，这是思想品德课对教师提出的最基本要求，只有这样才能不断提升学生的道德水平，使处在成长过程中的学生的道德结构能够系统地向更自觉，更独立，更富有创造性、责任感的健全道德方向发展。教师在备课时，要根据学生的实际情况，依据课程标准要求对教学内容进行选择，选择那些具有时代感，紧扣教材知识，并贴近学生实际的实例，以问题为中心，让学生参与讨论，参与教学。引导学生走进生活，走进社会，提高他们分析问题和解决问题的能力，激发学生学习兴趣，并留下深刻印象。

2. 努力探索教学方法，提高教学的吸引力和说服力

在思想品德课教学中，必须努力探索教学方法，提高教学的吸引力和说服力，增强教学效果。提高吸引力，是上好思想品德课的前提条件，没有吸引力，就没有生命力。在教学中，要努力改变一般化、概念化和程式化的教学方法，要贯彻理论联系实际的原则，根据教育对象的特点，有的放矢地针对学生普遍关心的问题，特别是热点、难点问题，联系实际展开教学。教师要以学生道德认知、道德情感为基础，选取学生关心的国家大事和具有教育意义的现实生活和社会问题，以及先进人

物的感人事迹作为主要素材滋润课堂，给学生提供主动参与、探究发现、交流合作的平台，引导学生追求"崇高"，对先进人物品质肃然起敬，对伟岸道德心驰神往，并在个人生活中保持一种乐观向上、积极进取的态度，去竭力实现人生所能达到的理想高度。在课堂教学中，教师不要把生命的价值和真谛直接灌输给学生，而是立足于学生已经知道的人和事，采用启发式的教学方法，通过层层设问，启发学生在原有的知识结构中生长出新知识、新体验和新情况，最终使学生领会到生命的价值和真谛，其人生理想和目标得到升华，道德得到净化。教师用摆事实、讲道理的方法，用举例、分析、归纳的方法，使学生弄通理论知识，增强思想品德课的信度。要用学生熟悉的实际经验、实际感受的内容来举例，这样不仅可以增强内容的真实感和亲切感，而且可以大大提高说服力。

3. 寓教育于情感之中

所谓情感教学，就是指教师有目的、有计划地对学生施加一定的教育影响，促其在情感领域发生特定方向上的变化，表现出新的品质，导致新的道德情感的形成和原有不健康情感的消除，从而培养起相应的道德情感与品质的过程。思想道德教育过程是一个由知到行的心理内化过程，只有通过情感活动，学生的道德认识才能深深植根于他们的精神世界里，内化为自己的观点，转化为自己的言行举止而形成坚定的道德信念和高尚的道德情操。在教学中，教师要使学生置身于充满爱的气氛和富有情感色彩的情境中，自然而然地受到感染和熏陶。教师不应做过多抽象的说教，而应根据教育要求设置教育情境，让学生受到潜移默化的影响。作为思想品德课教师，上课时必须饱含丰富的情感，让学生在爱的情境中，受到情感上的陶冶。讲课要以情动人，像演员一样，真正进入角色。具体教学中，教师可以充分运用学生身边的事例来进行教育，使他们感到亲切，以引起学生情感上的共鸣。当学生与教师的感情产生共鸣之时，就是教育的最好契机。情感的渗透还可以延续到课后进行，教师要经常与学生交流感情，以掌握学生的思想脉搏，并寻找恰当的机会，结合课文内容，在师生情感交融的情况下对学生进行教育，使知识交流借助情感交流达到应有的效果。

4. 培养学生的主体性意识，加强道德教育

人的主体性即活动主体所表现出来的能动性、创造性和自主性，是人性的升华，是作为社会的人控制外界和自身的要求。随着社会的发展，人类的主体意识逐渐增强，人类对自身的认识和理解更加深刻。人的生长与发展成为道德教育的重要使命。学校道德教育应充分尊重和发挥学生的主体性，并通过实践活动激发和引导学生的道德需要，实现个体道德意义上的自我肯定、丰富、发展和完善，促进道德的进步和社会的发展。以往的思想政治课教学未能充分重视学生主动地学习和发展，在德

育方法上，忽视学生的主体地位和主体性的发展。在当前新课程改革的大潮中，要发挥思想政治课的德育功能必须搞活课堂，让学生成为课堂的主人。针对思想政治课和学生的特点，可以采用讨论课、辩论课、讲演课等形式，让学生自由地表达对某一问题的看法。在具体教学中，可结合现实中比较泛滥的享乐主义、拜金主义等观点让学生进行辩论，最终引导他们形成符合时代进步的人生理想。还有如中央电视台播出的焦点访谈、道德与法制等节目是对学生道德教育的很好素材。所以，我们要引导学生结合思想政治课的内容发表自己的看法，经过积极主动参与，学生的是非观念、道德判断力将得到提高，道德水准也会逐渐提高。

5. 教师要加强自身的道德修养

学高为师，身正为范。教师的示范性很强。所以，教师要特别注重自己的一言一行，要求学生做到的，自己一定首先做到。要不断加强自身的道德修养，提高自身素质，为培养社会主义事业的建设者和接班人，发挥政治课的德育主渠道功能做贡献。我们知道，教师所从事的职业是一项特殊的职业，所从事的劳动既具有相互协作性，又具有相对独立性。教师开展教育教学活动既受教育目标和任务所制约，同时，又具有自己选择教育教学行为方式的主观能动性。教师可以单独从事并完成其所承担的教育教学活动，其许多行为带有"隐蔽"的特点。因此，教师在道德修养过程中，能否自觉坚持"慎独"关系到教育事业的整体利益和学生的德、智、体全面发展。在单独从事教育教学活动，没有他人监督的情况下，应自觉用教师道德的原则和规范指导自己的行为，应坚持从小处着眼，在"隐蔽"处和点滴小事上下功夫，在无人听见、看见的情况下，也应防微杜渐，自觉进行修养。

发挥思想政治课的德育功能，是一项长期艰巨的任务。我们只有将教材的德育点、学生的主动参与、教师的言传身教以及多样的教学方式方法、丰富的时政热点有机地结合起来，才能提高思想政治课德育的实效性，充分发挥思想品德教学的德育功能。

（二）其他各科教学

各科教学作为学校教育的组成部分，理所当然地承担着德育的任务。无论哪个学科的教学，都有道德标准。任何教育教学目的都是教人向善的，且所教的内容都是有价值、有意义的。遵循教育教学的道德标准，教给学生有意义的内容，实际上是一种隐形而有力的德育方式。教师在教学的过程中，必须采取合乎道德或者道德上可以接受的方式来教。教学是一种特殊的人与人之间的交往方式，交往的内容以及交往的方式都必然包含道德意义。

各科教材都是根据教育方针和培养目标编写的，它具有丰富的思想教育内容。

第二章 德育模式、途径与方法

各科教学是为学生学习系统的文化科学知识打基础的，同时，也只有掌握了基础知识，才能逐步形成科学的世界观和良好的道德品质。所以，学科教学和思想品德教育是紧密相关而非互不关联。但是由于各科教学内容不同，因而它们在思想品德教育中的意义和作用也就不同。

1. 体育教学中渗透德育

体育教学要做到教中有育、育中有教，两者紧密结合，相互促进，充分发挥德育在体育教学中的功能；在教学中，结合教学的目的及其特点，可以有效地帮助学生树立正确的人生观，发展特异个性，陶冶美的情操，培养文明行为以及坚强的意志和创造性。根据体育教学内容、教学目标、教学对象、季节天气情况，合理地选择教法。

（1）在室内理论课教学中，对学生进行德育

室内课可介绍我国的体育发展史、体育成就和为振兴我国体育事业奋斗的运动员、教练员的事迹，对学生进行爱党、爱社会主义的教育。我国具有悠久的体育发展史，古代劳动人民创造了灿烂的体育文化，形成了中华民族辉煌的体育发展史。可以在教学中充分利用这些内容，激发学生的民族自尊心、自豪感和爱国热情。用中国体育健儿在各大型国际比赛中取得的成绩、北京成功举办奥运会等历史和事迹去教育学生，激发民族自豪感和爱国主义热情。

（2）结合具体教学活动，多方面对学生进行德育

首先，体育教学是在严密的组织和纪律的约束下进行的活动各项运动项目，有的要求快速，有的要求持久，有的动作复杂惊险，有的练习变化多样，需要集体配合。个人项目的成绩影响集体的成绩或荣辱，只要教师善于启发引导，都有助于培养学生勇敢、顽强、坚韧不拔的思想品质以及团结奋斗的集体主义精神。体育的一个显著特点是竞争性强，凡是比赛都要勇夺冠军、力争第一，可以培养学生奋发图强、艰苦奋斗的拼搏精神和高度的责任感、荣誉感。因而，在教授球类、拔河和接力等项目时，教师应在讲战术和技术配合的同时，向学生强调集体配合的重要性，不失时机地进行德育。

其次，根据教材的性质和特点进行有目的、有计划的教育。如游戏，大都有主题思想，教师要利用游戏特有的教育因素，对学生进行团结友爱、互助合作、自觉遵守规则的教育；对于消耗体力的内容，如耐久跑、越野跑等，可以培养学生吃苦耐劳、坚忍不拔的顽强精神；障碍跑可增强克服困难的勇气；跳马、单杠、双杠等项目，可培养勇敢、果断、机智的优良品质。在这些活动中用毛泽东、邓小平等伟人的思想和优秀运动员坚持锻炼、磨炼意志、创造伟业佳绩的事迹启发学生，从而使学生更深刻地感受到，在人生的旅途上必须具备这些优良的意志和品格，才能勇

往直前，不断进步。

2．语文教学中渗透德育

语文教材中经常有一些感人的文章和深刻的道理，其语言优美，逻辑缜密，不仅有对生活道理的揭示，也有对祖国大好河山的歌颂。学生通过学习，会被其中优美的语言和深刻的内涵与情感所打动。随着时间的推移，自然会形成一种潜移默化的情感，并逐渐提高学生的道德素质，因而，通过语文教学对学生进行道德教育，比起单纯的道德教育来说更容易被学生接受，也更容易被学生吸收。

（1）在情境教学中渗透道德教育

许多教材选取的课文，尽管体裁、题材、风格等不同，但都是一定思想内容和语言形式的有机统一，以鲜明的形象、生动的语言，激发着学生的感情，具有高度的思想性和艺术性，能使学生潜移默化地接受正确的、高尚的道德熏陶。在语文教学中结合课文内容创设情境，使学生感受作者的思想感情，从而受到教育。

通过创设情境来激发学生的道德情感。教师应熟悉各种创设情境的形象化手段，并根据课文中包含的德育素材的不同性质、特点和本校拥有的各项教学设备及科组内"教学资料库"的情况，结合各种形象化手段的效果特点，确定采用何种手段创设情境，必要时还要进行剪接、合并、创新等。如为朗诵选配合适的音乐背景，截取有关视频、电视片段补充课文内容等。

多采用情景教学。学生在教师精心创设的情境中产生了强烈的共鸣，但如果教师不注意点拨，学生就如同看一场电影，当时很感动，但过后回到和课文情境不一样的实际生活中还是依然故我。因此，教师要懂得点拨，既要立足于课文又要跳出课文，拉近课文和学生实际的距离，使学生能将课文学习中获得的情感体验和理性认识指导自己的实际学习和生活。

（2）在与生活实际联系中渗透道德教育

道德来源于生活，生活中体现着道德，只有将德育与学生的生活实际联系起来，才能建立德育的长效机制。

第一，结合实际，渗透环境与生命教育。环境是人类赖以生存和发展的基础，环保已经成为与人类休戚相关的热门话题。实践表明，搞好环境保护既要靠管理，靠科学技术，更要靠不断提高全民族的环保意识。

第二，在拓展活动中渗透德育。拓展活动中渗透德育可以采用以下两种方法：一是给学生推荐课外阅读材料。课外阅读是语文道德教育的有效途径之一，不仅有利于学生知识技能诸多方面的积累，更有助于培养他们高尚的道德情操。同时，可以引导学生阅读课外材料及针对学生列出的必读书籍，使学生通过阅读鉴赏得到自我教育，让学生了解到应该珍惜目前所有，善待身边的人和事。二是开展专题活动来进行德育渗透。教师要善于采用灵活多样的方式方法,增强德育渗透的生动性和趣味性。空洞的理论、干燥乏味的说教,学生不愿意听,教师也难以完成既定的教学任务。教师只有以学生为主体,采用灵活多样的方式方法,充分调动学生的积极性与主动性,引导学生自己去思考、去质疑、去感悟,才能使学生乐于接受也容易接受那些好思想、好道理。通过组织学生开展话题讨论、专题辩论等活动,让学生自己谈感想、写作文,生动活泼地把德育教育渗透到学生的心灵深处。

总之,语文教学中,应以教材为依托,全方位、多角度地立体推进,使其有血有肉,学生才容易接受、乐意接受,起到潜移默化的作用。所以,教师在对学生进行基本的能力培养之时,抓住契机将道德教育的内容渗透进去。

二、社会实践活动

新课程实施过程中综合实践活动课程的出现,无疑为德育活动的有效开展提供了一个全新的平台。综合实践活动作为教师指导下的学生自主实践活动,其重过程、重实践、重体验的课程特点,与新时期要求的新型德育主体观、生活德育等新方向在理念指向上存在共通之处。

学生的思想品德是在社会活动和相互交往中形成的,其社会实践活动主要包括以下几方面:

(一)劳动

劳动教育是我国学校教育的优秀传统,是道德教育中一个极其重要的方面,有助于学生及早认识个人在集体中的正确地位,对于将来适应社会工作,协调各种人际关系有很大的潜在价值.对培养学生劳动观念、磨炼意志品质、树立艰苦创业的精神以及促进学生多方面的发展具有重要作用。劳动课可以使学生体会到劳动的辛苦,从而感受到父母的艰辛和自己幸福生活的来之不易,让学生在思想上认识劳动的可贵,养成勤俭节约的好习惯。在劳动课中,由于生产实际需要经常要开展分组劳动,在劳动中会遇到需要分工的情况,这正是培养学生合作精神的最佳时机。在劳动过程中,作为老师一方面要创设条件,造成生生互助的氛围,另一方面要善于发现那些不畏辛苦和善于谦让、宽容别人的同学,及时总结,予以表扬,引导学生向互相合作的方向发展。充分发挥劳动课的德育功能,可以克服目前普遍存在的德育教育空洞说教、被动灌输的问题,让学生在自主活动中体验、感悟道德境界,提高分析判断能力,主动遵从道德规范。

（二）社会公益活动

公益活动是指一定的组织或个人向社会捐赠财物、时间、精力和知识等的活动。公益活动的内容包括社区服务、环境保护、知识传播、公共福利、帮助他人、社会援助、社会治安、紧急援助、青年服务、慈善、社团活动、专业服务、文化艺术活动、国际合作等。社会公益活动是一种直接服务于社会公益事业的无偿的义务劳动，是学校对学生进行德育的有力手段．是以获取直接经验、发展实践能力、增强社会责任感为主的学习领域。社会公益活动的蓬勃发展是文明社会的体现。学生通过参与这些活动，可以增进学校与社会的联系，不断提升学生的精神境界、道德意识和能力，使学生人格不断臻于完善。

（三）社会调查

社会调查就其本质来说，是实现理论与实际相结合的重要途径，它有利于树立学生正确的世界观、人生观和价值观，培养科学的思维方式，教会学生尽快适应社会并从中学会如何做人，全面提高学生的综合素质。不仅如此，社会调查还具有很强的操作性，被实践证明是符合当前学校实际、行之有效的德育途径之一。

1．有助于实现知行统一

实践出真知，学生的思想品德是在社会环境的影响和熏陶下、在社会实践以及待人处事的过程中逐步形成和发展的。德育不仅在知，更在于行。因此，课堂所学德育理论必须与实际相结合，才能学以致用，而社会调查活动则是实现知行统一的有效途径和桥梁。

2．有助于促进学生的主体参与意识

德育改革要让学生学会关心他人、关心社会、关心国家大事，提高作为社会一员的主体意识。开展社会调查活动正是把学生放在德育主体的位置上，充分调动其自觉性、主动性、积极性，引导他们在参与中感知、体验，自己去寻求答案，从而实现自我教育而不是灌输教育。

3．有助于提高学生的综合素质

当前社会对人才的需求是复合型的，不仅要有一定的专业知识，还要具备综合素质和能力。开展社会调查活动可以促使学生去观察社会现象，敏锐地抓住人们关心的热点问题、学会获取、筛选有用信息，对信息归纳、分析，从中发现问题；可以学会怎样与人交往，取得他人的信任、合作；可以锻炼总结和写作能力，有助于提高学生的综合素质。

三、校园活动

开展丰富多彩、生动活泼、适合青少年身心特点的活动是进行思想品德教育的有效途径之一。

（一）校园团队活动

团、队、学生会是学生自我教育的重要组织形式，是学校德育中一支最有生气的力量。少先队组织是少年儿童自己的组织。少先队的队会是小学生自我教育的重要形式。学生在少先队及其活动中，根据民主集中制的原则，推选出自己的领导人，学习健康向上的民主生活。他们在辅导员的指导下，学习自己管理自己，并组织各种有教育意义的活动。由于少先队活动是学生自己组织的，更符合学生的年龄特点和要求，受到学生的欢迎，可以吸引更多学生参加。学校德育应当重视发挥少先队的德育作用，使学生在自己组织的实际活动中受到各方面的教育。共青团、学生会应根据各自的任务和工作特点，积极开展适合学生特点、喜闻乐见、健康有益的活动，充分发挥学生自我教育、自我管理、自我服务的作用。学校要通过党团组织、学生会、班集体、学生社团，有组织地开展科技、文艺、体育活动；要鼓励、指导学生建立各种课外兴趣小组和社团，因地制宜开辟活动场所，建设活动设施，使学生在寓教于乐的活动中培养健康的情趣，发展个性特长，提高审美能力，锤炼意志品质。

（二）校会、周会、晨会和时政学习

校会、周会、晨会是对学生进行德育的重要形式。校会是指全校性的大会，是对学生集体进行教育的一种途径。有定期和不定期之分。如开学典礼，在开学初举行，一般是向全校师生报告本学期的工作计划，对学生提出要求，使学生明确本学期的任务，激励他们在思想和学业上努力上进。又如结业典礼，在期末进行，欢送毕业同学，总结一学期的工作，表彰"三好"学生，号召同学向"三好"学生学习。还有国庆节、五四青年节等重大节日，也是通过校会向学生进行思想品德教育的重要途径。班会则是比校会更经常和更有针对性的集体教育形式。德育活动应当成为班会计划的核心组成部分。周会每周举行一次，主要总结、评价上周学生的基本情况，提出本周的任务和要求。如国旗下的讲话，班主任的周会课等。时政学习主要通过读书、看报，收听广播、电视、录像以及各种会议等途径来进行教育和自我教育。

未来社会是一个人际广泛交往的社会，社会对未来人才社交方面的要求越来

高，而现在的独生子女居多，娇生惯养，在外不会主动地正确地交往。教育要"面向现代化，面向世界，面向未来"，学校要成为培养交际能力的主阵地，而和谐人际关系的形成有利于提高学生交往的信心。各种活动的开展既给学生提供了广泛的交际场所，又提高了学生的交际能力。

在校园文化建设中，学生既是校园文化建设的主力军，又是行为主体，是校园文化的参与者和组织者。丰富多彩的校园文化既可培养学生的兴趣特长及创造能力，提高学生的动手能力，使其掌握多种技能，树立热爱劳动的观念，还可以磨炼学生意志，提高学生组织管理能力，为以后走向社会奠定坚实的基础。

总之，要使学校德育工作行之有效，除正面教育、积极灌输外，还必须充分挖掘和利用校园文化的潜移默化作用，高度重视校园文化建设。

四、心理健康教育

心理健康教育工作是培养学生健康心理品质的有效途径，指导学生心理健康教育是学校德育工作的重要组成部分。学校要根据学生不同年龄阶段身心发展的特点和职业发展的需要，分阶段、有针对性地设置心理健康教育的具体内容。根据学生特点和他们在成长、学习、生活和求职就业等方面的实际需要进行教学、咨询、辅导和援助，提高全体学生的心理素质和心理健康水平。

第三节 德育方法

教师如何运用语言、榜样、情境、环境、体验等手段对学生进行道德教育？这是方法问题。一种手段往往有多种用法，一种方法也可能运用多种手段。我国学校德育常用的方法有说服教育法、情感陶冶法、实际锻炼法、榜样示范法等，西方学校则推崇道德讨论、案例研究、角色扮演等。作为未来教师，应该掌握和灵活运用以下德育方法。

一、说服教育法

"德育应渗透在整个教育教学的过程中，学校应将德育工作放在工作的首位，学校每一位教师都应该是德育工作者。"德育中重要的方法是说服教育法，要想提高说服教育的效果，必须了解说服教育法的内涵、方式及基本要求。

（一）说服教育法的内涵

说服教育法是指通过摆事实、讲道理，使学生提高认识、明辨是非、形成正确观点的一种工作方法。说服教育法的特点有：一是强调正面教育，提高认识，教育时注意讲明道理、以理服人。二是注意启发自觉，即注意对学生的疏通和引导，要让学生有充分发表自己的意见和看法的机会，做到畅所欲言；又要帮助学生对具体问题作认真分析，对于不正确的看法要帮助学生把认识引导到正确的方向上来。

（二）说服教育法的类型

1. 讲解

是通过向学生叙述、描绘有关事实的经过、发展过程，以提高学生的道德认识。这种方式比较形象主动，富于感染性，也是比较系统地阐述政治问题或道德问题以提高学生的认识水平和思想觉悟的方法。运用这种方式，除了应当注意一般讲解法所应注意的问题之外，还应当尽可能引用本地、本校的真人真事，使学生借助于具体材料，领会道德要求的基本要点。讲解的语言要准确生动，通俗易懂，富有启发性和说服力。

2. 谈话

是班主任针对学生的思想实际，就某一问题与之交换意见，并对其进行教育的一种方式。谈话的针对性较强，便于师生之间交流思想感情、促进师生互相了解。谈话是说服教育常用的方式，不受时间、地点、人数的限制，课内课外均可进行。谈话内容既可以结合课堂教学，也可以针对当前事件和学生普遍存在的问题进行。特别是个别谈话更能深入细致地了解学生，使说服更有针对性，灵活性，把思想工作做到学生的心里。谈话前应有准备，谈话的内容、方式要根据学生的特点来确定。谈话后要向学生提出行动上的要求，做好巩固工作。谈话应该是经常性的，不只是在学生犯错误时才进行。教师找学生谈话时，态度应该亲切、真诚和自然。

3. 讨论

是在班主任指导下，由全班或小组成员围绕某个中心课题各抒己见、相互学习，经过充分的讨论和争辩，最后得出正确结论以提高认识。这种方式能充分调动和依靠学生自我教育的积极性，有利于培养和提高学生识别、判断、评价问题的能力和坚持真理、修正错误的勇气。它是学生在教师指导下，通过集体自己教育自己的方式。它的特点是有利于启发学生的自觉性，特别是在学生中对某些问题认识上有分歧时，运用这种方式更有效果。如果运用得当，这种通过讨论启发学生自觉的教育方式，常常能带来很好的教育效果。

（三）说服教育的方式

运用事实进行说服教育的方式，主要包括参观、访问、调查等方法。

参观是根据班主任工作任务的实际需要，组织学生到实地进行观察和研究的一种方式，如参观工厂、先进单位、博物馆、展览会等。

访问是结合某一种具体任务或研究课题，走访有关的典型对象，以丰富学生感性认识和情感体验的一种方式，如走访劳动模范、战斗英雄、科学家等。

调查是有目的、有计划地获取一些足以说明某些问题的第一手资料，以验证和加深思想认识的一种方式。

参观、访问、调查均是通过班主任的组织使学生接触社会实际，用具体生动的典型实例进行说服教育的形式。其共同特点在于：其一，可以加强学校教育与社会生活的联系．学生通过耳闻目睹、亲身感受，吸取丰富的营养以弥补口头说服之不足，增强教育的可信性与感染性。其二，有利于组织社会上各种力量对学生施加积极的影响。

（四）运用说服教育法的要求

说服教育的方式多种多样，一般都相互配合、综合运用，但是无论采用哪种方式都必须遵循以下基本要求。

首先，说服教育要有针对性。这是提高说服教育实效性的前提和条件。针对性即从学生的思想实际、年龄特点、个性差异及心理状态的实际出发，有的放矢地进行说服教育。为此要事先了解学生情况，根据对象特点确定说理的具体内容、组织结构、时机、场合和方式。

其次，说服教育要有感染性。感染性是指能激发学生内在的积极情感，以达到师生双方心理相容，提高教育效果的目的。要使说服教育具有感染性，一要从爱护和关心学生出发，抱着尊重和信任的态度，设身处地地为学生着想，循循善诱、推心置腹、坦诚相见，而不能以惩罚等手段强迫对方接受自己的观点。二要使说服富有知识性和趣味性。说服要注意给学生以知识、理论和观点，使他们受到启迪、获得提高；同时选用的内容、表述的方式要生动有趣，使他们喜闻乐见，留下深刻的印象。三是使说服真诚自然，不能言不由衷或装腔作势，矫揉造作只能引起学生的怀疑和反感。

再次，说服教育要讲究科学性和艺术性。所谓科学性，即班主任所阐述的道理必须符合客观真理、符合实际，要对学生讲实话。所谓艺术性，即是说要灵活运用说理的方法和方式。这就要求班主任做到：讲的道理符合客观实际，所举事例是真实的，而不是杜撰或歪曲的；注意营造相宜的环境和气氛，注意选择合适的方式方法；加强语言修养，讲究言词和方式。特别重要的是，在对学生进行说服教育时要使用"爱的语言"。

二、榜样示范法

榜样示范法是教育者以他人的高尚思想、模范行为和卓越成就影响学生，促使其形成优良品德的方法，是比较常用的德育方法。

（一）榜样示范法的内涵

榜样示范教育法是以别人的好思想、好品德、好行为去影响学生的思想意识、情感和行为的一种方法。榜样把社会道德观念、行为规范具体化、人格化，形象而生动，具有感染力、吸引力和鼓动力，而青少年学生又善于模仿，尤其崇拜伟人、英雄和学者，在良好的环境里，榜样的力量是无穷的。

（二）榜样示范的类型

革命导师、英雄模范人物。德育活动要通过形象生动的方式引导学生学习、继承和发扬革命前辈和英雄模范人物的崇高思想、革命胆略和道德品质，使学生坚定地树立为正义事业献身的信念。

历史上的伟大人物、科学家、艺术家以及文艺作品中的典型形象。这一类型的榜样教育需要课堂教学和课外学习两个渠道的相互配合，共同发掘教育资源。

同学中的好人好事。由于这种榜样是从本校、本班同学中产生的，和学生的年龄、生活经历相接近，所表现出来的好品德、好思想、好行为，学生比较熟悉，容易接受和仿效，所以有较高的教育价值。不少学校开展"校园明星"的评选活动等就是这一类型榜样教育的较好方式。

教师和家长。特殊的人际关系决定了这种榜样的作用具有经常性和直接性。教师和家长的语言、行动、思想作风时刻都是学生学习和模仿的对象，教育作用很大。很多学生的思想作风、行为习惯，甚至个人爱好，都是从教师和家长那里学来的。因此，教师和家长应该自觉把自己看作是教育学生的表率，成为自觉的德育力量。

（三）运用榜样法的要求

运用榜样教育学生，教师要事先有周密计划，使学生明确向榜样人物学习什么，怎样联系自己的实际，应从什么地方学起，怎样逐步深入等。引导学生向榜样人物学习，决不能仅仅停留在故事情节的介绍上或学生一时的情感冲动上，要具体体现在学生的日常生活中。

三、情感陶冶法

陶冶是一种形象的比喻，它把教育人的过程理解为像把陶器放在窑中烘烧，把金属投入炉中冶炼一样去培养和锻炼。这种方法的特点是利用了情境的暗示和感染作用，将理与情、情与境融为一体，使受教育者产生情感的共鸣，并且在不知不觉中受到潜移默化的影响。通过较长时间的定向熏陶，可深刻地影响学生的思想感情和性格特征，产生较巩固和持久的教育效果。

（一）情感陶冶法的内涵

情感陶冶法是教育者有目的、有计划地运用情感和环境的因素，以境陶情，对学生进行潜移默化地熏陶和感染，使其在耳濡目染中心灵受到感化，进而促进其身心发展的方法。如果说讲授、谈话、讨论等是明示的德育方法的话，陶冶则是一种暗示的德育方法。情感陶冶法的理论基础是环境与人的发展的相互作用。一般说来陶冶法有"陶情"和"冶性"两方面的作用机制。陶情是一种与认知活动相互联系的情感和情趣的化育过程，冶性则指与情感联系的认知上的进步乃至人格上的提升。陶冶的过程是陶情与冶性两个过程的统一。在道德教育过程中陶冶的方法主要侧重于情感的陶冶，但其作用当然也不止于情感的培育。

（二）情感陶冶法的实施途径

1. 人格感化

这是教育者以自身的品德和情感为情境对学生进行的陶冶。即教育者通过真诚的、无微不至的关心爱护及高尚的人格来触动、感化、熏陶学生，促进其思想转变，积极进取。教师的威望愈高，对学生的关怀和爱愈真挚，对学生人格感化的力量就愈大。

2. 环境陶冶

即通过创设良好的学习和生活环境，使学生的身心长期受到熏陶，逐渐养成良好品德。或者根据特定教育目的的要求特意创设教育情境和氛围来暗示、感染学生，使之产生情感上的共鸣，激发学生产生高尚的道德情感。良好的环境对品德成长有重要陶冶作用。我们要自觉地为学生创设良好的生活、学习环境，如美观清洁的校园、朴实庄重的校舍、明亮整洁的教室，有秩序、有节奏的教学活动和作息安排，良好的班风和校风等。

3. 艺术陶冶

即借助于音乐、美术、诗歌、小说、影视等艺术手段创造的生动形象感染学生，在欣赏、评论、创作及演出过程中受到陶冶。艺术来自生活，又高于生活，形象概括，寓意深厚，感人至深，不仅给学生以美的感受，而且熏陶了他们的性情。教师应重视组织学生阅读文学作品，聆听音乐，欣赏画展，观赏影视，或引导他们自己去创作、表现，从中获得启示，受到陶冶。

四、实际锻炼法

道德教育活动丰富多彩，与之相联系的具体方法也多种多样，其中实践锻炼法是贯穿始终的穿针之线，是德育方法的真实载体。

（一）实际锻炼法的内涵

实际锻炼法是教育者组织学生按照一定的要求，参与各种实际活动，在活动中形成良好的思想品德和行为习惯的方法。通过实际锻炼，可以加深道德认识，锻炼道德意志，形成道德行为习惯，使优良的思想品德日益巩固起来。

（二）实际锻炼法的实施途径

1. 执行制度

让学生按照学生守则、课堂纪律、作息制度等必要的规章制度进行锻炼，特别有助于培养他们的组织性、纪律性、顽强的意志和严格要求自己的良好习惯。对缺少独立性和自我控制能力的少年学生来说，尤其要加强遵守各种规章制度和纪律的锻炼。

2. 委托任务

教育者或学生集体委托学生完成一定的工作任务，在完成具体任务的过程中，培养学生优良的品德和行为习惯。通过完成委托任务，不仅能提高学生的工作能力，而且能培养他们的工作责任感、集体主义品质，提高其思想水平。

3. 组织活动

组织学生参加各种实际的活动，是实际锻炼的最主要的形式。这些活动包括学习活动、课外活动、劳动以及一定的社会实践活动等。在活动中，学生可以加深认识、丰富体验、锻炼意志、培养习惯。

（三）运用实际锻炼法的具体要求

为了充分发挥各种实际锻炼方式的作用，教师应注意以下几点。

第一，要明确锻炼的目的和要求，要有严密的组织工作。开展什么样的活动，受到哪些锻炼，训练哪方面的品德行为和能力，事先都要有周密的计划。

第二，要充分尊重和发挥学生的主动性和积极性，使学生成为各种实际锻炼的主人。

第三，实际锻炼要反复进行，做到持之以恒。融入日常生活，都是他们进行实际锻炼的机会，不要忽视这个环节，要坚持通过日常的学习、劳动和生活进行反复练习。

第四，建立合理的规章制度。这是加强学生实际锻炼的一种带有强制性的辅助手段。这一手段可以保证学生实际锻炼的连续性和经常性。应注意的是，这些制度只是教育学生的辅助手段，绝不是管、卡、压学生的工具。所以，学校一方面要注意发动学生参与某些规章制度的制定，确立学生的主人翁意识，另一方面要注意把各种管理手段和制度同说服教育等方法相配合进行教育。

五、品德评价法

品德评价法的目的在于使学生从肯定或否定的评价中了解、看到自身的长处与不足，明确今后努力的方向，能强化学生的积极因素，矫正和克服消极因素，增强学生的是非观念和荣辱感，激发学生的上进心，对学生思想认识和行为具有一定的控制、调节作用。

（一）品德评价法的内涵

品德评价法是教育者根据德育目标的要求，对受教育者已经形成的或正在形成中的优良品德或不良品德进行评价，给予肯定或否定的一种方法。品德评价是德育工作的一个重要组成部分。品德评价是促进受教育者思想品德按确定方向发展的一种强化手段，或者说是影响受教育者思想品德发展方向的一种控制手段。

（二）品德评价的常用方式

品德评价的类型和方式很多，根据不同的分类标准，可以区分不同的品德评价方式。

从评价形式看，品德评价法包括口头评价和书面评价，如口头表扬、书面评定等。从评价的性质看，品德评价法包括肯定性评价和否定性评价，如奖励、惩罚等。

从评价时间看，有即时性评价和阶段性评价，如课前、课余的表扬批评与学期、学年的操行评定等。

从评价程度看，肯定的评价有赞许、表扬、奖励等。否定的评价有批评、警告、记过、留校察看、开除学籍等。

（三）运用品德评价法的要求

品德评价法是一种行之有效的、强有力的教育方法，也是班主任实现其工作目标常用的工作方法。班主任运用这一方法必须密切注意以下几个方面。

1. 明确目的，以理服人

无论采用何种评价，班主任必须明确评价的目的，并在尊重信任学生的基础上，以说明道理、辨明是非为前提。不能随心所欲、随意滥用，更不能把评价当作发泄个人好恶情感的机会。

2. 实事求是，公正无私

在品德评价中，学生最不信服的就是班主任的偏袒和偏信。因此，班主任要深入学生实际，全面了解学生的实际情况。同时，坚持是非面前人人平等，该奖该罚以事实为重，不徇私情，不讲情面，使评价具有较高的信度。

3. 重在发展，贵在辩证

中学阶段，青少年生理变化急剧，心理处于"断乳期"。因此，对他们的优点与错误均要从发展的眼光来看。在评价时，必须防止简单的非好即坏的两值判断，要做到奖其功而不护其短，惩其过而不折其长。同时，评价要有弹性、有分寸，恰如其分，留有余地。

4. 因人制宜、因材施教

为了实现班级的整体目标，班主任在掌握实事求是、公正无私的原则的基础上，要善于对不同层次的学生提出相应的不同要求，并促使他们在各自的基础上向更高的层次努力。对优秀生要高标准、严要求，不能频表扬；对后进生，则要努力挖掘其潜在能力、善于发现其闪光点，并及时给予鼓励和关心。

第三章 德育艺术与教学

学校德育是基于学校时空背景下组织的道德教育，课堂教学不论是在时间上还是空间上都占据了重要地位，对于学生德性发展具有重要的意义。因此，在德育实施过程中，需要充分关注德育教学。

第一节 德育艺术概述

一、德育艺术的内涵

有人指出，所谓德育艺术就是德育主体遵循德育规律，为获得最佳德育效果而进行的富有审美价值的创造性德育实践活动。第一，德育艺术既是一种创造性的德育实践活动，又是一种德育状态；第二，德育艺术既是一种德育创造的方式、方法和技巧，又是一种本领；第三，德育艺术必须遵循德育规律；第四，德育艺术具有较高的审美价值，获得最佳德育效果是其最高的价值目标。德育艺术就是教育者在德育过程中创造性地运用德育科学的一般原理、原则和方法，为最优化、最有效、最迅速地促进德育实施，提高德育实效而采取的各种技巧和能力的结晶。它既是一般艺术形态在德育过程中的运用、发展和具体化，是人们千百年来教育实践、德育实践的高度提炼、综合和总结，是以一定的科学知识为基础，从方法与技巧的角度对德育进行的一种挖掘和揭示，也是德育过程中不可缺少的技能和手段。它包含两个层次：一是德育实施的技巧方法层面，是指为了达到最佳德育效果而采取的富有创造性的培养人的方式、方法等，如批评的艺术；二是指艺术作品层次，即德育活动，如我们通常说某老师的课堂就是一种艺术品，这与谈论雕塑、舞蹈等艺术形式有些类似。德育艺术实施的依据是德育对象的特点、德育环境的复杂性、变化性和教育内容的广泛性、发展性，以及教育过程中师生之间的多种关系。

二、德育艺术的本质特征

德育艺术的本质特征包括艺术性和教育性，前者决定于德育艺术的艺术本性，后者决定于德育活动的教育本性。

（一）艺术性

德育艺术的艺术性包括创造性、情感性、机智性、技巧性和审美性。

1. 创造性

创造性是德育艺术最突出的特征之一，表现为德育实践活动不断地开拓和创新，随时体现出一种独创性和新颖性。德育实践活动的创造领域十分宽广，不仅是指那些为了某种德育需要而专门设置的创造活动，更主要的是指教育者在德育过程中所具有的独特性、新颖性，受教育者在接受教育的过程中所表现出的鲜明个性。独特性与个性化贯穿于整个德育活动之中，从而形成德育艺术的基本格调和氛围。德育艺术的创造较其他艺术创造有一定区别，主要表现在德育艺术活动的对象主要是有思想、有感情、有个性、充满活力的青少年学生，这比一般艺术对象更为复杂和重要。

2. 情感性

按照列夫·托尔斯泰的理解，艺术的本质就是情感传递。一部好的艺术作品，如舞蹈、戏剧、绘画以及雕塑等，都会向观看者传递比较强烈的艺术情感，进而促进观众的艺术体验。在德育实践活动中，教师通过德育艺术，最大限度地创造性地使用德育方法和手段，激发学生的德育情感，让学生处于一种强烈的道德体验中，进而促进学生的道德情感发展和道德能力发展。德育艺术的情感性要求教师充满真挚的情感，同时，教师可以通过一定的手段、手法（如通过高超的语言艺术或通过媒体、音乐等形式）让学生获得情感体验。激发学生情感对于发展学生道德能力尤其是道德行为能力具有重要意义。研究表明，学生的道德行为能力与学生的道德情感能力联系密切，情感的激发有利于道德认知、道德意志的发展。

3. 机智性

德育活动具有高度的独特性和复杂性，这意味着在德育过程中，计划往往需要作出调整，以应对德育过程中出现的变化。因此，德育艺术必然要求具备机智性。所谓机智性，就是说教师在德育活动中因人制宜，因地制宜，

因势利导，根据客观情况机动灵活地进行创造性活动，而不必过多地遵循德育过程中的规范。同时，机智性也意味着在德育实施过程中保持灵活性，任何僵死的教条或规则在变动的教育情境中都将是百害而无一益的。

4. 技巧性

技巧性是德育艺术的一个重要的特点。实际上，高超的德育技巧是德育艺术的基础，没有德育技巧，甚至连基本的德育效果都不可能获得。教师在与学生交流时，需要沟通技巧；在德育教学中，需要授课技巧；在批评学生的过程中，需要批评技巧；等等。当教师创造性地使用技巧以解决德育问题时，德育技巧就成为了德育艺术。一位德国美学家说过："掌握技术是创造一个艺术作品的不可缺少的条件。在每一个时代，真正的艺术家都能意识到，技术能力以及对用于自我表现的那些技术手段的准备对于创造一个艺术作品来说是多么不可缺少。"

（二）教育性

德育艺术的教育性是由德育的本质决定的，它是德育艺术的本质属性之一。德育艺术必须能产生实实在在的教育效果。如只有在批评促进个体道德发展之后，批评艺术才被确证。德育艺术的教育性表现为两个方面：一是德育艺术是一种潜在的教育手段，这里的德育艺术主要是指方法、技巧层面的艺术；二是德育艺术作为一种艺术作品，具有教育价值。任何一种德育实践行为，只要具有了艺术性特征，我们都能够称之为德育艺术作品。德育艺术作品的教育价值包含两个维度，一是作为德育艺术作品本身具有德育价值，即别人可以通过观看这一行为本身而获得成长；二是作为艺术作品的德育艺术还必须让直接的受教育者，即受到德育影响的主体受到德育影响。这是德育艺术教育性的最本质体现。

德育艺术的两个本质特征是相辅相成的，脱离了任何一个特征，都不能称之为德育艺术。德育艺术的艺术性特征并不是要求德育艺术满足所有的艺术性特征，在德育实践中即便是缺乏艺术性的一些特征，比如说审美性（当然缺乏的程度取决于个体的主观判断）或者创造性，但如果能够促进道德发展，仍可能被称为德育艺术。教育性则毫无争议地是德育艺术的本质规定性，没有教育性，也就没有德育艺术的存在。

三、德育艺术的功能

（一）教育功能

德育艺术的教育功能是指德育艺术在德育实施过程中对受教育者施加的教育影响和教育作用。

1. 德育功能

任何德育手段和德育方法都可能具有教育功能，较之一般的德育手段或德育方式，含有艺术因素的德育更为有效。德育艺术要求在德育过程中采取委婉、非直接的教育方式，这种方式更能够让学生潜移默化地接受教育影响；同时，德育艺术的灵活运用，有利于改善教师和学生的关系。此外，德育艺术具有的情感性特点，可以让学生处于一种情感激发的状态，这样更有利于教育影响的发挥。通过高超精湛的德育艺术，受教育者可以在自然而然中受到启迪、感染、陶冶。

2. 美育功能

德育艺术的美育功能是由德育艺术的审美特性决定的。德育艺术能培养学生的美感，发展学生审美和创造美的能力。德育艺术能够提高学生的艺术修养。所谓艺术修养，即人的审美能力和情感。德育艺术是教育者与受教育者的共同塑造，它要求教育者必须首先具有较高的艺术修养，能使德育达到巧妙的艺术境界，同时也要求受教育者具有一定的审美能力，因为只有这样他才能领悟到德育艺术的奥妙。同时，无论是教师还是学生，其审美能力和审美情感都会随着德育艺术的进行、发展而不断地得到培养和发展。德育艺术的美育功能是多方面的。各种德育艺术形象，都会对学生的审美能力产生作用，使学生对德育内容产生一种新奇、愉悦之感，经过形象思维的加工，上升到审美情感，进而使学生产生表现美和创造美的冲动，并与教师的美的创造产生共鸣，从而实现德育的目标。

3. 智育功能

德育艺术的智育功能表现为德育艺术能够对受教育者施加智育影响。这表现在两个方面：一方面，德育艺术能够更好地促进儿童学习道德知识；另一方面，德育艺术能够促进儿童审美能力的发展，进而影响其对知识的追求。真与美从来都是彼此相关的，二者相互促进，共同完善。德育艺术对智育的影响可能是直接的，也可能是间接的：德育艺术中的审美观、审美感会作为一个强有力的因素作用于学生的科学探索过程，并"渗透"在学生的内在素质结构之中；德育艺术可能让学生处于积极的审美状态下，不断激活学生的创造性，从而提高学生的科学探究能力。

德育艺术的教育功能通常是相互联系的，不能割裂开来。德育艺术旨在促进儿童的道德能力发展，因此，在所有教育功能中，德育功能是最为关键也是最为重要的。德育艺术所具有的一切教育功能都是源于德育艺术蕴含的真、善、美。德育艺术促进学生求真、求善、求美，进而成为一个具有理性、德性和审美能力的人。

（二）德育艺术对于教师专业发展的意义

首先，德育艺术能够促进教师的审美能力发展。教师作为德育艺术的实施主体，必须具有艺术修养。这意味着，教师首先必须是一个具有审美能力的人。因此，教师需要在日常教学过程中提高自己的审美能力。审美能力的提高依赖于理论学习，更依赖于日常的行为实践和训练。以身体美训练为例，身体美对于教师有着非同一般的意义。教师可以通过丰富多样的表情，得体大方、色调搭配和谐的服饰，悦耳动听的声调，或优美柔婉、或刚健有力的手势动作，以及身体展示过程中体现出来的道德修养来影响学生。

　　其次，德育艺术能够提高教师的实践智慧。德育艺术具有机智性和技巧性特点。在德育艺术实施过程中，从来就没有固定的章程、固定的规范，这就是说，德育艺术的运用从来不是一幕幕排练好的戏剧。在实践过程中，总是充满"噪音"、干扰乃至被中断。教师需要随时随地直面这些突如其来的干扰，利用手中的一切资源，推进"戏剧"上演。从这一层面来讲，德育艺术的运用就是对教师实践智慧的考验。德育艺术要求教师的教育行为充满创造性，而不是重复昨天的故事不仅如此，德育艺术所蕴含的真、善、美因素是教师实践智慧的重要成分。没有德育的知识、没有对德性的向往以及对美的追求，教师的实践智慧将无从谈起。

　　最后，德育艺术能够促进教师的个体生命发展。教师作为学校教育的主体，其工作是让学生得到尽可能的发展与成长，在此过程中，如果教师的个体生命没有得到成长的话，那么教育的价值就会大打折扣。有人称教师为"教书匠"，这是因为他们认为教师所从事的是一种纯粹技术性的活动。毫无疑问，教育离不开技术，但如果仅仅是技术，教师和机器也就没有什么不同了。教育艺术包括德育艺术，让教师不仅成为一位技术人员，更成为一名艺术家。教师也在德育艺术的探寻道路上实现了自身发展与儿童发展的统一。不论是真还是善抑或是美，都构成了人的终极意义的寄托。教师在对学生的爱和尊重之中，在对德性的探寻之中，在促进学生生命成长的同时，实现了自身的价值和意义。

第二节　德育空间艺术与时间艺术

一、德育空间艺术

（一）空间的德育意义

　　空间在德育中的首要意义在于其提供了德育实践活动的场合。没有空间，也就没有了德育。学校、教室、食堂、博物馆、图书馆、运动场等等，它们首先都是一个物理性空间存在，没有这些教育实践的场所，教育就无所依凭。事实上，空间本身就是一种资源、一种手段。在学校教育中，空间的意义在于：不仅是让师生置身于中，更重要的是让空间参与到人的表演与观看之中，参与到人的生成与发展之中，使空间成为教育的资源，成为教育性的空间。

其次，空间为德育提供了可能性和多样性。空间问题，不单纯是一个物理学的问题，同时也是一个教育心理学、教育社会学和教育政治学的问题。换言之，当"空间"进入教育领域，它就既是自然科学的范畴，也是人文社会科学的范畴。"关系性"是这一范畴的基本性质。空间的排列与设置，要为师生提供面对面相遇的机会，提供相互参与的权利和机会。不同的空间安排，不仅设置了不同的行为系统和表演语境，而且也建构了师生之间、学生之间的情感、注意、知觉等心理发现上的联结状态，规定了人在空间中的自由与权利的可能性，同时，其本身也是对人的可能性（包括人与人建立联系、产生互动的可能性）的规定。空间的生成性价值在于：使学生拥有了更多表现自我的机会，而且通过对不同空间的适应、想象、创造，以及在各种空间之中的穿梭转换（如将触觉空间转化为视觉空间），学生的身体和心理发生变化，趋于成熟和复杂。

（二）学校德育的空间艺术

德育的空间艺术包含两个维度，一是指物理空间意义上的空间安排以及装饰等；二是指人文意义上的德育空间，其意味着德育的新途径、新手段以及德育的创造性。前者指德育的实体空间，后者指德育的形式空间。

学校德育中的物理空间具有重要的意义，不同的教室空间安排会影响学生的认知方式和认知状态，在某种程度上，空间承载着权力、等级以及话语霸权。一般而言，学校德育中的教室空间排列应该创造一种平等的气氛，给学生与教师更多的对话机会。教室剧场空间安排的多样化与教学组织形式的多样化密不可分。当代基础教育改革逐步从一问一答和教师讲述式的教学组织形式，逐步发展为学生个别学习、对组学习、小组学习、大组讨论、学生执教或情景表演等形式时，教室剧场的空间形式就相应地从传统的直线形、教堂式空间转变为花瓣形、四通八达形等空间形式。其结果是扩大了单位时间内学生主动活动的空间，而且释放了每个学生的精神活力，使他们有更多的表演机会，充分地表达自己的感受、意见和结论。同时，在具体的教学活动中，采用什么样的空间安排，并无定式，也不存在最理想的样式。空间安排要保持充分的灵活性和开放度，可根据教育活动和交流的需要，实现多种空间格局的转换。例如，桌椅的设置要有可移动性，有利于学生与教师之间、学生与学生之间面对面交流和向他人方向随时随地转换。

以学校德育宣传橱窗为例，宣传橱窗的地点选择很重要，要考虑人们能否直接接触和感知。宣传橱窗设置太高太远，或光线暗淡，周围声音嘈杂，都会影响宣传效果。可在图书馆门前、学校中心区域或者教育教学区安置；相比较而言，运动场、食堂以及学校大门口等地方就不适合放置。同时，宣传橱窗要注意美化，不可在其旁边堆积其他杂物。在布置橱窗时，要注意颜色的搭配，标题的醒目，照片、表格的特殊设计等。橱窗布置，既要突出中心、重心，也不可使整个橱窗都是大字、红字、粗线条。要注意各种文字、图片、数字、图案的巧妙配合，做到巧妙而有美感。

学校德育艺术还包括德育空白艺术，它主张学校德育应当充满可能性和．多样性，不论是德育手段还是德育方法，都应当有存在的空间。

首先，德育的纪律规范要有"空白"。在德育管理工作中，过细的纪律和规范不但规训了学生的日常生活，制约了学生的发展空间，学校德育工作也显得刻板严厉并缺乏弹性，学校德育工作也随之失去了创造的空间。有些学校规范，从上课姿势到吃饭习惯乃至睡觉习惯都作出了规定，这样的规范由于太细太全不但增加了监管成本，而且影响了规范的可操作性和严肃性，更严重的是造成了教师与学生的疏远，增加了工作难度。因此，在学校德育工作中，要从实际出发，对一些难以界定且操作难度大的规范，最好不作硬性规定，以免引起学生抵触，影响德育实效。德育规范的空白在一定程度上为德育留下了空间，更留下了教师对学生的信任与尊重，它不但不会影响德育的效果反而会促进儿童的发展。

其次，德育管理工作要有"空白"，在日常德育管理工作中，经常会发生学生违纪的事件，对这些事件的处理是德育工作中最为基本的内容。由于学生处于发展过程中，因此，对学生违纪等事件的处理也要留有余地。一般而言，要注意学生的心理承受力。要尊重学生，既要让其认识到错误，同时要给他改进的空间。批评最好不要当着全班同学的面，同时也要注意语气。尤其忌讳如"你无可救药"之类的语言和定性评价，因为，这完全否定了学生的发展空间，更不用说超过了学生的心理承受能力。

德育的空白艺术实质上就是要增加德育工作的灵活性，留给学生发展的空间。失去了发展空间，学生也就失去了发展的可能。德育的空白艺术是一种德育方法或是德育手段的高超运用，绝不是对学生的冷漠，更不是对违纪现象的纵容和默认。要真正掌握这门艺术，教师要有爱心、耐心。

二、德育时间艺术

任何德育实践活动都处于时间之中，时间是实施德育的前提。可以说，没有时间就没有教育，也不会有德育。当儿童进入学校剧场，承担起自己的角色之时，首先要接受的是学校剧场活动的时间规则教育。教师的首要任务就是把包括年、周、日在内的作息时间表刻印在儿童的观念中，形成"时间意识"，并以此指导、制约他

第三章　德育艺术与教学

们的行为方式，使他们在学校剧场中学会遵守时间规则，协调安排好各种时间。

在美学上，时间艺术一般指在一定时间长度内，在时间的流动中所塑造的艺术形式，通常蕴含听觉或想象，与可见的空间艺术相对，不具有直观性，主要包括音乐、文学等。管理学将时间看作一种"资源"，就好比土地、资金等。当时间成为资源之后，对其利用就成了一门学问，时间运筹学也由此而生。管理学意义上的时间艺术指的就是让时间发挥利益最大化的方法或手段。一般而言，管理学中的时间艺术主要是运用运筹学方法进行时间管理。管理者通常会对工作按性质分类，包括紧急、次紧急以及非紧急事件等，然后依次安排；或是把零散时间利用起来；再者就是运用运筹学方法把一件复杂任务分解成若干任务，利用科学的方法对这些事物组合进行再排列，以节约时间。通常，为了节约时间，主张在做事之前要有详细的计划。

德育时间艺术，作为教育时间艺术的一种，既包含美学意义上的时间艺术含义，也包括管理学意义上的时间艺术含义。这是因为，教育作为一种实践活动其本身就是一种美学实践活动，也是一种时间管理活动。德育活动是处于一定时间流中发生的，同时，在教育中，时间本身也是一种重要的资源。因此，所谓德育时间艺术就是通过运用时间从而让一段时间内德育效果最大化的方法和技巧。

德育时间艺术的运用应当注意以下几点。

首先，从管理学意义上，应当合理运用时间。时间也是一种重要的教育资源。具体而言，学生学习时间是一定的，但对这些时间的安排不同，其所起到的教育作用肯定也是不同的。因此，德育工作中的时间管理一定要科学有序，注重计划性。通常，学校应当有长期德育规划、中期德育规划乃至短期德育计划。有了德育计划之后，德育时间就可以最大化利用。甚至在一堂德育课中，时间的规划也是相当重要的。教师在上课前应当做好充分的准备，了解学生的特点，了解教学的内容，了解自己的风格，并在此基础上合理安排各个部分的时间，以促进时间利用效率的最大化。当然，德育工作的策划与实施也应当保持灵活性和可操作性。管理学上的德育时间艺术还强调零星时间的利用，除了利用好德育课时间之外，课堂外乃至校外的时间都是重要的。学校德育的时间一般分布于各个时间角落，学校升旗仪式的时候，图书馆看书的时候，食堂吃饭的时候，上下楼梯的时候，在某种意义上说，学校的一切时间段和时间点都可以并应当成为德育时间。只有让德育浸润在学生生命成长的时间流之中，无所不在，德育才是有效的。

其次，从教育学意义上看，德育时间艺术还要求关注德育的"时机"。在兵法上，战争讲究战机，战机稍纵即逝。孙子云：故善战者，求之于势。这里的势指的就是时机。在教育中，也讲时机。教育时机通常指的是最有利于某一教育方法发挥最大作用的时间段或时间点。通常，教育时间也要与教育空间等结合起来，因为时间只有与具体的空间结合起来，教育才可能发生。

把握德育的时机异常重要。在不同的时间点教育的手段可能是不一样的。如一个孩子撒谎时，最好的教育就是当场告诉他错了，错在哪里，而不应当等几天以后再告诉他，因为那时候他可能已经忘了自己所做的事情。但如果当时孩子比较亢奋或抵触，就不宜立即开展教育，因为这时他可能被情感所左右而失去了理性。因此，德育时机的把握，要依据具体的时空背景以及教育对象的具体情况。

第三节 德育语言艺术

一、语言在德育中的作用

语言是教育的基本媒介之一，没有语言，就没有教育。在学校教育中，教师的语言表现力至关重要，他要善于发挥语言的多种功能。从语义的角度看，教师要发挥的语言功能有以下几点。

首先是语言的概念功能。语言的概念功能是指语言用于表达内容的功能，它反映的是教师的主客观经验，特指教师欲向学生传递的知识信息。

其次是人际交往功能。即教师通过语言建立和维持与学生的交往关系的功能，它表现了作为说话者的教师与作为听话者的学生的交往角色。

最后是语篇功能。即语言具有将其自身与特定语境因素相连接的功能，它是指说话者有可能把相关的话语片段组成与实际情境和上下文相一致的语篇。

从语言活动成立的前提要素，即从发送者与接受者形成的关系的角度看，教师要通过语言发挥五种功能。其一，表情功能。它往往反映出教师对所传递信息的态度。其二，意动功能。促使作为接受者的学生行动的功能。其三，叙述或指示功能。报道外部世界，表达教师所欲传授的知识内容。其四，诗歌功能。教师的语言以形式美为目标，能使学生得到审美享受。其五，社交功能。保证发送者和接受者之间，即教师与学生之间建立稳定和谐的交往关系。

由此可见，语言在教育中具有重要的作用。正如苏霍姆林斯基所说，教师的语言修养对学生在课堂上的脑力劳动起着决定性的作用。教师具有高度的语言修养是其合理利用教学时间的重要条件。教师不能用儿童可以接受的、鲜活的语言表达清楚事物的现实和概念，因而不得不多次重复讲解，这要浪费很多时间。

德育中的语言除了具备以上功能之外，还具有德育功能，这表现在以下三个方面。

第三章 德育艺术与教学

其一,道德规范功能。在学校教育中,通常存在各种各样的道德语言,其中一种就是道德规范语言。如"应当诚实""学生应当尊重教师""同学之间应当彼此信任""上课不应当讲话",等等。实际上,这些都是属于道德义务判断。当我们告诉人们应该做什么、不应该做什么的时候,实际上我们就在规训学生的行为,道德教育就存在于这些规范性语言之中了。一般而言,道德规范语言包括三种。一是祈使句,表示禁令、指令和倡议,如"不准……""必须……""应该……"等。其各自的规范功能也是不相同的,分别具有约束不规范行为、指导正确行为、提倡高尚行为等作用。二是陈述句,表示建议、期待和希望。三是祈使句,表示商量和请求。

其二,道德评价功能。在学校德育中,除了存在大量如"你应该……""你必须……""你不可以……"等规范性语言之外,还存在大量的道德评价用语,如"诚实是好的行为""打架是不对的""小明欺负弱小是不对的"等。这就是说,我们除了告诉学生该做什么、不该做什么,告诉学生什么是正当的行为、什么是不正当的行为之外,还经常告诉学生什么是好的、什么是坏的,什么是有价值的、什么是没有价值的,什么是道德的、什么是不道德的,什么是可取的、什么是不可取的,什么是高尚的或光荣的、什么是卑鄙的或可耻的,等等。在后一种语境中,教师不是在对人的行为举止下判断,而是在对人本身或人的动机、意向、品格下判断,告诉学生什么是好人、什么是坏人,什么是有价值的人、什么是没有价值的人,所使用的是"评价性用语"而不是"规范性用语"。评价性判断只区分好和坏,只是价值判断,而规范性用语则属于道德义务判断。如说某人是个好人,是一个价值判断,但说人应该成为一个好人则属于道德义务判断了。评价性用语的价值在于让人弄清楚什么是好、什么是坏,即学会道德价值认识。

其三,道德解释功能。在道德教育中,学生有可能会问"为什么小孩要诚实""为什么要尊重老师"以及"诚实的孩子为什么就是好孩子"等一系列需要价值澄清的问题。这时候就需要借助语言对这些问题作出回答,以解答他们的疑问,让他们不仅在道德行为上服从,更重要的是改变他们的道德认知结构。在道德教育中,仅仅告诉学生什么是对的或错的、该做什么或不该做什么、好在哪里或不好在哪里,是不够的,还要向学生说明为什么对或错、为什么该或不该、为什么好或不好。儿童不仅对自然充满好奇心,对社会和人类自身的行为也充满探究欲望。多年来,德育效果甚微,原因之一就在于压制了儿童这方面的好奇心。儿童有许多道德问题,诸如"为什么我受罚而他没有,那样公平吗",这些问题需要教师向他们作出合理的解释。解释不是简单地"填塞",而是同他们进行有关人类道德的对话。当教师对学生说:"是的,你们都做了错事。但他主动认错,你却说谎。罚你并不是因为你做错事情了,而是因为你说谎。"这种对话才能使学生受到启示,才使学生具有人的品性。

二、德育语言艺术的特点

(一)明确的指向性

德育语言就语言行为(说和写)的主体而言,主要是指向教师这一特定的社会角色;从语言行为的意向对象或者接受者而言,学生、受教育者是教师语言的意向对象或接受者;从语言行为发生的场域而言,它主要发生在学校,尤其是课堂之中;从语言行为的目的而言,它以教育教学任务的完成为基本目的。无论是哪种语言色调,都必须围绕着教育目的和特定的教学内容而铺陈。应当是平实、朴素的,如果一味地堆砌华丽文辞,就可能掩盖真理的真实面貌;应当清楚简明地表述,如果故作深奥、刻意追求含蓄,学生可能会如坠云雾之中,把时间消耗在猜测教师语言的含义之中;应当用严肃的语言来批评、引导,如果用幽默、逗趣、调侃的语言风格,不仅效果会大打折扣,而且可能会产生负面效应。

(二)强烈的感染性

相对而言,教师的语言是接近演讲体的一种语言,它应该具有强烈的表现力和感染性。这种感染性首先与情感的渗透和激发有关,一方面,教师要将自身对教育和学生的情感渗透于语言之中;另一方面,教师的语言还要带动起学生的情感,他的语言不是独白,而是对话和潜对话,具有生成性和牵引性。其次,富有个性的语言方式也是感染力的一部分。同样是启动上课程序的仪式性语言,一般的教师只会千篇一律地发出指令:"上课!"对这种生硬语言的喜好,反映了教师身上的权力主义人格。有的教师则别开生面:"同学们,上课铃已经响了,大家的心已经收回来了吗?我们现在可以上课了吗?"这样的语言营造了一种和谐、民主、宁静的课堂气氛,它是教师对学生生理状态和心理状态的尊重自然流露的结果。这种语言已经进入了艺术化的境界。

(三)类型的选择性

语言表现风格多种多样,从语言形式、艺术技巧等维度上可归纳出不同的风格类型,但并非所有的风格类型都适用于教师语言。教师常见的语言风格是朴素、华丽、简约、繁丰、庄重、通俗、雄浑、柔婉、明朗、幽默等类型,而空灵、疏放、沉郁和清奇等风格类型却较难体现。形成什么样的语言风格,既取决于教学本身、教师角色本身的性质和具体教学语境，也取决于教师本人的认知结构和性格气质特征。一个理想的富有表演力的教师，往往具有掌握多种语言风格类型、善于在不同的角色语境内转换的能力，同时也善于为各种不同角色赋予相应的语言风格，在他的大脑中存储着系统复杂的角色语言库。

（四）形式的片段性

与做报告、发表演说等不同的是，教师语言不是单向度的活动，而是具有"双边共时性"的，融合在与作为观众的学生之间的双边活动之中，它时常要被学生的语言所中断，也时常会打断已有的语言路径，转而去呼应学生的话语，所以教师语言在形式上具有片段性。语言片段性的特点表明，教师的智慧就在于善于倾听和呼应学生的语言，善于把课堂当中的每一个插曲、中断、噪声和"节外生枝"，都转化为连接教师片段语言的桥梁、纽带，从而形成整体的语言表现风格和整体的课堂语言系统。

三、德育语言艺术使用应遵循的原则

要充分发挥教师语言在德育中积极的效应，正确地选择和运用德育语言，应自觉遵守以下原则。

（一）可接受性原则

在德育过程中，不论是教师长篇的演讲，还是与学生谈心时的简短话语，首先要注意语言的可接受性。一方面要注意体现教师语言的特点，如亲切、自然、生动、形象、风趣、幽默等；另一方面要注意学生年龄和心理的特点。同是进行爱国主义思想教育，不同年级、阶段的教师所选择和运用的德育语言是具有明显差异性的。同是表扬或批评，对不同气质、性格特点的学生，语言的运用及表述方式的选择也有差异的。

（二）实效性原则

教师语言的可接受性是德育实效性的基本条件，以教师语言为载体的道德信息，学生接受不了或拒绝接受，便无实效可谈。教师德育语言的实效性是由多种因素所决定的。如果教师的语言具有科学性、审美性、导向性、启发性、动态性等特点，对教育对象起到了感染、激励、教育作用，教师的语言便能产生良好的德育效果。

（三）科学性原则

科学性原则是教师德育语言选择和运用时应坚持的最基本的原则。教师向学生传输的道德知识信息必须准确无误，含糊其辞、模棱两可、似是而非的语言必定会影响学生接受的效果。教师要尽力达到信息传递的保真度和精确度，应该努力探索、研究道德信息传递和转换的规律和方法。

（四）审美性原则

德育语言的艺术魅力和审美价值，是影响教师语言效应的变量之一。生动形象的语言、清新文雅的语言、朴实无华的语言、风趣幽默的语言，都可以增加德育语言的艺术感染力。

（五）导向性原则

导向性原则是教师在选择和运用德育语言时必须遵循的原则。在对学生进行德育的过程中，实现由道德认识向道德行为的转化，由心理意识向心理品质的转化，教师语言起到十分重要的导向作用。导向性不仅是指定向、引导，而且也含有教师的希望和期待。

教师德育语言能力和德育语言艺术水平，是在德育工作实践中形成和提高的。教师和其他德育工作者应注意提高自身的德育语言能力和德育语言艺术水平。

第四节　德育渗透艺术

德育总是置于一定的空间和时间中，同时以语言为凭借。德育渗透艺术是对德育过程中的空间、时间以及语言的艺术性运用，是对德育空间艺术、德育时间艺术和德育语言艺术的综合转化。

一、德育渗透

德育渗透在德育中具有重要的价值。首先，德育渗透是直接德育的有益补充。在学校德育中，直接道德教学是最为基本的教育形式，大部分人都认为课堂是道德教育的主阵地。毫无疑问，直接的道德教学是必需的，但是仅靠直接的道德教学，德育是不可能取得成功的。一方面，直接的道德教学的时间有限，通常而言，学校直接的道德教学一周也不过两次课，这样的时间保证还是建立在其不被"主课"占用的情况之上的。众所周知，时间保障通常与发展空间是联系的。时间的缺少也意味着德育空间的压缩。此外,即便是直接道德教学,其本身也是有争议的。学校道德教学大都是建立在道德认知上面,这是当前德育实效性不强的主要原因,也在实践上回应了关于美德是否可教的老问题。由于受课堂时空条件的限制,如道德情感、道德意志以及道德行为的实践都受到很大限制。这就造成了本来应当是全面、综合发展的德育变成了纯粹道德知识的教学,德育效果自然也受到了限制。按照杜威的观点,经验是完整的而不是残缺的,要想拥有完整的道德经验就必须经历完整的道德生活。学校德育仅仅提供了道德认知方面的德育经验,不健全的道德生活自然不能培育完美的德性(当然,这里假设了学生主要的道德生活集中于直接的道德教学,实际上学生总是处于其他生活之中,并受到道德教育)。学生生活的整体性和综合性决定了学校德育必须着眼于学生生活的全部,从每一个生活片段和生活细节中种下德性的种子。学生的道德生活不仅蕴含在直接道德教学的两节课之中,作为发展中的德性个体,其还受到其他学科教学、学校生活乃至社会生活的影响,这些影响拓展了学生道德发展的时间和空间。德育渗透强调的就是要利用德性发展的一切时间和空间,以促进学生德性的发展。

其次,德育渗透的德育方式更为有效。德育渗透强调将德育要求、愿望以及德性道理隐含在学生所接触的日常生活中,通过营造一种德性气氛、情调来教育学生。德育渗透通常是一种潜移默化的过程,注重教育情境的创设,使得德育是具体的而不是抽象的,是内隐的而不是外显的,蕴含于学生的德育生活之中,而不是作为单独的教育形态而存在。博尔诺夫在其《教育人类学》中就强调了教育气氛的重要性:教育的成功与否往往取决于生活环境中一定的内部气氛以及教育者与受教育者之间一定的情感态度……这种教育气氛对教育的成功具有极其重要的意义。它不仅表明有助于教育实施的有利情形和阻碍教育实施的不利情形,而且表明了在万不得已的情况下,即使没有有利条件或尽管存在不利的情形,教育仍将继续下去。确切地说,它们是要达到教育目标所必须具备的根本条件,而以往教育尝试的失败正是由于缺乏对这些条件的了解。德育渗透更强调营造一种民主、德性的教育气氛,让学生身处其中,受到德育的熏陶。相比于直接的道德教学,德育渗透具有诱导性的特点。学校德育面对的是一个个活生生的生命个体,而不是有待驯服的动物。德育渗透可以有效地消除学生的逆反心理,它并不告诉学生"应当如何""什么是好的",而是将"应当如何"以及"好的东西"渗透在学生的日常生活中,让其时刻受到熏陶和教育。所谓"近朱者赤,近墨者黑"说的就是同样的道理。同时,相比于直接德育,德育渗透是全方位的德育,具有持续性和综合性。德育渗透强调的是:不仅要告诉学生什么是道德,更要为其提供一种道德生活,这种道德生活应当渗透于学生学校生活的各个方面。学生时刻处于德育生活中,这有利于学生形成道德习惯。德性中最为重要的不是道德认知,也不是道德情感和道德意志,而是道德习惯。德育渗透主张的是在德性生活中培育学生的道德习惯。

二、学校中的德育渗透

(一)学科教学中的德育渗透

学校课堂教学中充满了教育资源。如针对学生打断他人发言的现象,教师可以顺便教育儿童尊重别人的发言,注意倾听。教师在学科教学中可以纠正学生不好的行为习惯,并养成良好的行为习惯。当然,教师的以身作则也是重要的。所谓言教不如身教,课堂教学中的德育应当渗透于教师的行为规范之中。不过,学科教学中的德育渗透应当注重技巧性,尤其是要区分好德育目标与学科教学目标,学科教学目标应当是教师的主要目标,德育目标应当渗透于其中。如果教师太过于强调德育渗透,可能使德育渗透显性化,不但影响德育效果,更影响学科教学任务的完成。

(二)学校活动中的德育渗透

除了课堂教学之外,丰富多彩的学校生活也为学生的德性发展提供了广阔的空间。有人指出,学校集体生活是我国学校实施德育的重要途径。所谓学校集体生活,是学校各级各类机构自发或自觉地组织的各种活动的总和,包括学校、年级、班级以及共青团、学生会和其他学生群体(如兴趣小组、社区服务小队)组织的课外活动和校外活动。学校活动按照实施范围,大致可以分为校内群体性活动以及校外公益性活动,其中群体性活动包括课外活动,如团、队和学生会活动、校级活动和班级活动等。群体活动的德育价值在于为学生学会群体活动规范提供了机会,同时,在此过程中,学生还学会了与人相处以及相互合作。此外,班会、团队等活动中可以就一定的德育内容进行教学。不过,德育渗透更强调道德教学的隐蔽性,而不是显性化。除了群体性活动之外,学校生活还包括校外公益活动,如去敬老院劳动、到公路上帮助维护秩序、维护公共卫生等社会性服务劳动。在此过程中,可以教育学生热爱劳动、尊重他人、服务社会、珍惜劳动果实、养成劳动习惯,也可以帮助学生认识到父母劳动的艰辛,孝敬父母,尊重劳动人民。

在学校活动中,要注重集体教育原则,即活动应当面向全体学生而不是个别学生,如果是个别学生则可能被理解为惩罚而不是教育。同时,学校生活还应当与社会生活相结合,学校生活不能成为保守的"象牙塔",只有当学校、社会保持密切联系时,学生所习得的德性与社会生活的德性才是一致而非冲突的,德育效果也将更明显。

(三) 学校教育制度的德育渗透

一般来讲，学校的教育制度有三种效应：一是转化效应，二是创新效应，三是育人效应。转化效应就是说，通过教育制度可以将好的教育思想、教育理念转变成制度的理念，然后营造出一种基于合理理念的制度气氛，在这种气氛之中，培育行为并最终指向人的发展。以教育公平为例，教育公平一个最基本的理念就是让每一个孩子拥有同等的成功机会。学校可以将这一理念贯穿于教育教学制度设计中，如在课堂评价制度中关注教师对后进生的鼓励、提问等。借助这种制度，可以培养正义的行为，最终促进师生的共同成长。教育制度的育人效应与教育制度的转化效应是密不可分的。教育制度的育人效应是指通过制度化的生活、体验，将基于合理理念的制度作为人成长与发展的载体，最终培育出全面发展的人。教育制度的育人功能正是基于转化效应与育人效应而产生的。在一定意义上，教育制度的育人功能的实现类似于隐性课程的作用。这种隐性的功能发挥对于学生成长有着重要意义。因为教育制度除了作为一种规范性存在之外，重要的还在于形成一个学生成长的外部环境。有研究表明，不同领导方式下学生手工制作活动的学业成就和学习态度是显著不同的。因此，如果要营造一种民主的气氛而促进学生的发展，最为重要的就是通过民主的方式构建一种民主制度，进而让学生经历一种民主生活。学校教育制度创新效应体现在对学校教育制度的改革方面要与时俱进，不断探索适合我国国情的教育制度，其内容涉及学校与政府的关系、学校内部治理结构、学校与社会的关系。学校教育制度的创新首先应确立学校法人地位及其相应的权利和义务，通过法律保证政府职能和学校职能的分离，把学校从政府的附属机构的地位，转变为独立的自主办学的法人实体，这是建立现代学校制度的前提。其次是学校内部的治理层面。通过章程把学校治理结构和运行规则建立在制度基础之上。学校内部治理的核心，是完善决策、执行和监督的机构设置和运营程序，把决策、执行和监督三者分开，并有相互的制约。再次是学校和社会层面。要发展多种形式的产学研结合、产教结合、学校与社区结合的组织体制。教育制度的创新不仅涉及学校教育制度的创新，并且包括为建设学习型社会构建制度基础。总之，只有创造出崭新的制度，才能释放教育机构、教育资源和每个人的潜能。因此，学校教育制度创新对整个教育发展和人力资源开发，具有重要的关键性作用。

第四章 德育与班级管理

第一节 班级德育的顶层设计

一、班级德育管理的目标

培养学生具有爱祖国、爱人民、爱劳动、爱科学、爱社会主义的思想感情和良好品德；遵守社会公德的意识和文明行为习惯；良好的意志品格和活泼开朗的性格；自己管理自己，帮助别人，为集体服务和辨别是非的能力，为使他们成为德、智、体全面发展的社会主义事业的建设者和接班人，打下良好的思想道德基础。

班级德育工作主要是向学生进行以"爱祖国、爱人民、爱劳动、爱科学、爱社会主义"为基本内容的社会公德教育和有关的社会常识教育，着重培养学生良好的道德品质和文明行为习惯，教育学生心中有他人，心中有集体，心中有人民，心中有祖国。

班级实施德育必须充分发挥校内、校外各种教育途径的作用，互相配合，形成合力，创造良好的教育环境，共同完成德育任务。主要途径如下：各科教育；校级、班级教育和各种教育活动；共青团教育活动；家庭教育和校外教育活动。

正确的政治方向；热爱学生，了解学生；加强针对性；坚持正面教育；道德认识和行为训练相结合；集体教育与个别教育相结合；言传身教，为人师表；保持教育的连续性和一致性。

二、班级德育管理的四个基本原则

班级管理是学校实施德育教育的有效载体，着眼于学生个性张扬和人格的全面发展，在德育教育中唤起学生的自主意识和生命体验，让学生在德育实践中体验尊重，感悟成功，是德育工作者的重要命题。作为班级管理的引导者、组织者，班主任在班级德育实践中应该创新管理模式，坚持四个原则，实现班级的有效管理。

第四章　德育与班级管理

（一）遵从"规划"原则，让学生坚定航向

凡事预则立，不预则废。一个企业的发展，必须要有目标和规划，这个企业才能在市场竞争中立于不败之地。同理，教育实践中，学生必须要有自己的学习目标、计划和理想，学会规划自己的人生目标和航向，才能在三年初中学习中学有所得。班主任应该从学生入学的那天起，对学生进行理想信念教育，培训和指导学生规划自己的人生，引导学生思索如何实现自己的人生理想。

俗语说，善歌者教人习其声，善导者教人习其志。具体德育实践中，班主任应该引导学生在初一年级培养自己的三种习惯，夯实基础。即培养良好的生活习惯，优秀的学习习惯，自觉的行为习惯。应以围绕培养"学会做人"德育目标，提出以"以对学习负责为基本点，学会求知；以对前途负责为着力点，学会自律；以对家庭负责为出发点，学会孝敬；以对集体负责为凝聚点，学会关心；以对社会负责为制高点，学会报答"五点五会为主要内容的"树立责任意识，展示自主风采"责任教育主题活动，并把这种主题活动分解在成长的各个阶段。懂得在我们生活中，处处都可以是生活的中心，都有可以为之奋斗的目标，只要努力去做，就能开出灿烂璀璨的成功之花，从而找到人生的支点和航向。

（二）运用"加糖"原则，让学生体会尊重

管理学中有个"加糖"原则。顾客去商店买糖丸时，高明的商家总是每次抓得少一点，然后在顾客的要求和期盼中慢慢加一点，直到"斤两"符合顾客的需求。商家在加糖过程中并没有亏本，但顾客却好像在与商家的交易中，做了一笔划算的买卖。这是为什么呢？那就是顾客觉得自己的要求不断得到满足，有一种被尊重的感觉。

同样的道理也适合班主任的德育管理。挑剔的顾客就是往往有心理抵触，常常违反纪律的学生，商家就是班主任。面对经常违纪的特殊学生，犯错误的叛逆学生，班主任要给他们开一个"高价"，即明确他们错误的严重性，要求他们整改自己的错误，修正自己的不良习惯，与此同时，班主任还应该恰当地运用"加糖"原则，宽容学生，允许学生慢慢地改正错误，允许学生在改正错误的过程中与老师讨价还价，时常给学生加一点糖。西方美学中有一个著名的观点，即"美"是一种自觉的体验，是以平等为基础的。学生在修正自己不良习惯过程中，与老师讨价还价，一步一步地达到老师的要求，他感觉到老师在关心他，在尊重他，体会到了师生心灵上的交流、人格上的平等，因而有意识地自我约束并改正，进而体会到尊重的美感和成功的享受。

（三）践行"认知"原则，让学生认识自我

认知自我，就是要认识自己的性格和缺点，学会调控自己。高中学生处于性格发展的成长、成熟时期，很容易陷入自我菲薄、自我陶醉，唯我所需、唯我独尊、自我欣赏等误区，往往缺少自我觉醒。常常夸大自身思维的独立性、批判性，不满现实，不服从管理，冲撞纪律，追求所谓的自由，叛逆成了他们性格最真实的写照。有时，一遇到学习中的困难，同学间人际关系的矛盾，他们就自我菲薄，有时甚至走向极端。比如学生常在使用手机、与同学间交往、佩戴首饰、穿奇装异服、爱护公物等方面与学校的要求发生冲突；又如有部分学生承受不了考试的压力，精神出现问题；还有部分学生行为出现偏差，出现考试作弊、偷窃等行为。班主任应该通过主题班会，周记，给父母的一封信、团队活动等引导学生感悟亲情，正确交往，坦然面对学习，规范行为习惯等，从而全方位、多角度了解自己，认识自己。

认知自我，就是要懂得自己的责任和价值需求，学会擦亮自己。班级发展离不开班级成员的个体发展，每一位班级成员都有责任和义务维护班级秩序，守护班级荣誉。班主任应该通过班会课开展"我为学校添光彩""班级发展，我的责任""班风我来定""班级，今天我当家"等活动，培养学生爱校爱班的集体主义观念和责任意识。通过"我为班级做了什么""我能为班级做什么"等团队活动来激发学生的价值需求，实现学生正确评估自己的目的，此外，班主任还应抓住运动会入场式的方队特色设计、文艺汇演班级特色展示、星级宿舍评比、到青少年实践基地的生存体验、特色军训等大型集体活动，让学生经历体验感受团结协作、团队发展的氛围，培养学生的集体荣誉感和团队精神，让学生懂得奉献自己，与集体共成长的道理。总之，班主任应该在德育实践中，引导学生正确认识自己的昨天，客观分析自己的今天，科学规划自己的明天。

（四）坚守"等待"原则，让学生感悟成功

马卡连柯说过："培养人就是培养他对前途的希望。"教育实践中，无论是对尖子生快马加鞭，还是对差等生的转化补差，都是为了使学生在知识、技能、情感、态度价值观等方面全面发展，真正"使每个受教育者都尽可能充分地受到教育"。但教育有时需要等待，尤其是对那些特殊学生和所谓的差生。学生是他自己，有自己独特的生命内涵和成长过程，是一个值得敬畏和等待的独特生命个体。美国著名的心理学家托马斯·阿姆斯特朗曾说过："父母和老师很少考虑有这样一种可能性，那就是孩子们或许有着他们独特的内部生物钟—遵循着自身的规律在那里滴答作响。"学生成长的过程，有一个程序，不是一帆风顺的，常常伴随着认知事理的局

限、行为的偏差和学习态度的懈怠、学习成绩的起伏。这个过程就犹如孩童蹒跚学步的过程，这其中伴随着一次次的摔跤和跌倒之后的爬起。班主任应该学习年轻的妈妈不去急着搀扶，而是拍着双手，鼓励孩童勇敢地尝试爬起和走路。对待班级学生，尤其是特殊学生，学困生等，班主任不能有急躁和急功近利的思想，应该放手，更应该学会等待，也就是要学会宽容学生的不足甚至是错误，学会容忍学生行为偏差上的反复，学会走进学生的心灵世界。后进生的转化不可能一蹴而就，一般要经历醒悟、转变、反复、稳定四个阶段。我们要做到"思想上引导""心理上疏导""学习上辅导""情感上诱导""行动上督导"。"等待"过程中，给予他们热情的关注，细心的指导，科学的规划。在生活关怀、班级活动设计、个人才艺展示、学生个体评价、周记批改、互动谈心、目标激励等方面适度向他们倾斜，激励他们上进，培养其自信心，促使其健康发展。等待他们的成长，这将是一个缓慢的过程，正所谓教育是慢的艺术。而在这缓慢的过程里，他们的学习成绩，高度的责任感、良好的道德品质和行为习惯已在年轻的生命里潜滋暗长。

三、开展德育活动，创新德育管理方法

开展丰富多彩的德育活动。新形势下，班主任对学生进行教育应尽量避免灌输式教育模式。要根据学生年龄特点，组织好班级活动，在丰富多彩的活动中使学生受到潜移默化的教育。学生能否主动参与到活动中，活动的教育效果如何，关键在于活动方案的设计。班主任要在大量阅读有关德育活动知识的前提下，经过调查了解，根据学生实际情况和德育工作要求，精心设计活动方案。在实施活动育人过程中，要充分利用好班内资源，从身边的活动抓起。如利用学习园地可以让学生议一议；建立班级图书角，组织故事会、读书会可以让学生说一说；组织小制作小发明展，可以让学生做一做等，让学生动脑、动手、动口，主动参与，在活动中受到教育。班主任在活动过程中，既不能全面全过程束缚学生的手脚，又不能放任不管。要处理好导演与演员的关系，有的活动要完全参与，与学生融为一体，有的活动要指导点拨，让学生自己活动、自己展示、自我教育。

（一）办好各种形式的班会活动

在刚进入新班级时可以在班会上选择思想健康又积极向上的班歌，在班会开始时全班齐声演唱，振奋人心，形成班级特色。同时还可针对学生特点开展各种活动：可以搞全班性分组讨论活动：比如可以在考试前开展关于学习方法的讨论，使同学们相互借鉴，积极探寻适合自己的学习方法，提高学习效率，使大家有信心去应考。还可以进行本班和其他班级的辩论赛，由科任老师担当评委，大家在公平的环境中

竞争，增进师生感情，在愉快的气氛中开展。还可以播放一些优秀的电影和视频，使同学们拓展眼界，有利于进行正确的引导，帮助学生形成健康的学习心理。

（二）开展送温暖活动

由生活委员组织，为同学举行生日短会，并送上一份礼物，全班同学同唱生日歌。关爱后进生，形成后进生的原因是多方面的，班主任对每一名后进生要具体分析，找出形成后进的原因，用爱心、细心、耐心和恒心，循循善诱，做好其思想教育工作。努力寻找后进生身上的每一处细微闪光点，及时给予肯定、鼓励和表扬，因势利导，激发其上进心。同时要尽自己所能帮助解决后进生在思想、学习、生活等方面所遇到的各种困难，并教育本班学生不能歧视后进生，要积极关心帮助他们。在班内创设一个良好的生生互动氛围，使后进生感受到集体大家庭的温暖，不断得到转化。

（三）表扬先进，彰显班级正气

在教室后墙开辟专栏，或以文字，或以图片宣传班级先进个人和事迹，如：参加体育节的所有运动员，劳动之星，考试的前十名，进步奖等。

（四）班级文化建设

创立用班级文化对学生进行陶冶的德育模式是现代德育的有益探索。班级文化建设以创造主体教育环境、形成良好的文化氛围、促进学生自我发展为目标，以丰富多彩的文化活动为载体，唤起学生主动参与的热情，鼓励学生张扬个性，激发学生的创造能力，实现学生的价值取向，促进学生健康成长。在班级文化建设中，计划由学生自己拟订，活动由学生自己策划，工作由学生自己协调，问题由学生自己解决，效果也由学生自己检验。在活动中，学生的自主性和创造性得到了充分的发挥，真正成为班级的主人；班级通过开展形式多样的文化活动形成特定的文化氛围，让学生受到感染，学生可以自己思考、比较、判断和选择，从而产生内驱力，主动认同班级的价值准则和规范，并逐步内化为良好的品德。通过班级文化建设，形成了新型的师生互动关系。班级文化建设摒弃以往班集体建设中教师为主体，学生为客体的模式，以师生互为主体共同参与而代之0在班级文化建设中师生都是班级文化建设的主体，学生是决策者、组织者、参与者和评论者，教师是参与者、引导者和调控者。教师在班级文化建设中，不断提高自身的科学素质和人文素质，率先垂范、为人师表，充分发挥教师对学生知识增长和思想进步的影响力，做先进生产力和先进文化的弘扬者和推动者；学生在班级文化建设中，重新认识自我，看到自己的特长、能力和潜力，也找到自己的不足，自觉融合到集体之中。在这个过程中，师生心灵相通，密切合作，共同创造班级文化，形成了民主平等、互动共赢的师生关系。

四、班级德育的效果

德育过程作为一个动态系统来考察，是一个发展变化的过程，是教育者用社会所要求的品德规范影响受教育者，启发他们自觉接受教育，形成教育者所期望的思想品德过程，我们认为，德育过程只有做到知、情、行的统一，才能收到预期的德育效果。

知、情、行是彼此联系，相互影响，相互促进，相互转化的。一般地说，"知"的培养是基础；"行"的实现是关键和标志；"情"起中介和"催化剂"的作用。因此，学生思想品德的培养必须是"晓之以理、动之以情、导之以行、持之以恒"，促进四要素统一和谐地发展。

第二节　班级管理德育为先

在教育教学过程中，对学生进行德育教育是学校和每个教师的一项重要任务。在进行德育教育方面与学生密切接触的每位教师，尤其是班主任老师，起着很重要的表率作用。在班级管理中渗透德育是一种有效的方式，可以通过民主制定班规，营造教书育人的环境，培养学生良好的行为习惯，建设积极向上的班风和开展丰富多彩的班级活动。

德育是教育者按照一定的社会和阶级要求，有目的、有计划、有组织地对受教育者施加系统的影响，把一定的社会思想和道德转化为个体思想意识和道德品质的教育，是教育的一个重要部分。德育教育是一个动态系统，是一个发展变化过程，只有教育者用社会所要求的品德规范影响受教育者，启发他们自觉接受教育，才能形成教育者所期望的思想品德。学生思想品德的培养，只有做到"晓之以理、动之以情、导之以行、持之以恒"，才能收到预期的德育效果，才能和谐地发展。对学生进行德育教育是学校教育的重要组成部分，更是摆在我们面前的一项迫切要求和任务。德育工作的对象是人，人是有思想、有感情的，人都有潜在的向上性。班级是学校的基本细胞，学生是班级的分子。德育教育的实施必须贯彻于每个学生的具体行为之中，而班级管理的好坏直接影响着每个学生能否健康成长，用班级管理来促进德育工作，采取各种办法鼓励学生充分参与，学生乐做乐学，学生在活动中自觉不自觉地受到教育，规范行为。实践证明，德育教育融于班级管理是有效的教书育人方法。

在学校教师是教育学生的主力军，教师的爱心，教师的人生观、价值观是提高教育质量的重要前提。学生对教师特有的期望和信赖，往往使他们在观察教师时，产生一种放大的效应，教师的一种小小善举，会使他们感到无比的欣喜；教师的一点小小瑕疵，则会使他们产生巨大的失望。所以，教师必须对自己的人格修养提出严格的要求。

"经师易得，人师难求"，每位教师都应加强自身修养，不断学习，提高思想认识和道德觉悟，平时严格要求自己，以良好的师德为学生树立表率，以自己的人格力量为学生良好思想品德的形成贡献一份力量，富有魅力的教师人格能产生身教重于言教的效果。相信一个教师的人格魅力定会在童稚、纯真的心灵中形成一个瑰丽的光环，当在学生身上看到这个光环发光的时候，我们也许就会真正感受到自己作为教师的价值所在。教师的高尚人格不仅应当反映在的精神境界上，而且应当体现在外在的言谈举止上。作为老师应十分注意自己的一言一行、一举一动，力争做到表里如一、言行一致，希望达到"随风潜入夜，润物细无声"的效果。

培养学生良好的品德、健康的人格是教育者的基本职责，也是德育教育的重要内容。班主任的重要职责就是代表社会对学生进行价值引导。学生作为不成熟的、发展中的人，他们自身具有接受教育和引导的需要。因此，在班级管理中，要十分注重培育积极的班风舆论，用社会主义核心价值观引导学生，促进良好班风的形成，从而为班级中每一个学生的成长、发展和成才创设一个满足个体意愿的和谐健康的班级环境。由师生共同创造培育起来的优良班风，是一种强大的精神力量，这种无形的力量反过来又作为一种最稳定、最持久的激励力量，推动班级工作，激励学生振奋精神。

第五章 班级活动设计与实施

第一节 班级活动的意义和特点

班级是学校教育的细胞，班级活动是学校教育的重要组成部分。班级活动作为班级功能的主要承载体，在功能、形式和内容上同样需要在新课程背景下重新定位。根据不同的理念，班级活动的设计与组织表现出不同的功能和特点，明确班级活动的内涵、特点及分类是成功设计和组织班级活动的重要保证。

班级活动在密切班级人际关系、增进班级凝聚力、促进学生知情意行全方位发展方面具有不可替代的作用。同时，班级活动还有助于密切家庭、学校和社会的联系，扩展学生视野，增进社会责任感。

一、班级活动的意义

（一）班级活动为学生进行品德实践提供了空间

班级活动是以班级为单位开展的集体活动。在活动过程中，学生的思想品德能得到良好的培养，通过实践，学生能将书本中的品德知识内化为自身的道德观念。成功的道德教育不仅仅是帮助学生形成道德认识，树立道德观念，最终还是需要帮助他们养成有道德的行为，达到知行合一的效果。班级活动的开展恰恰给学生提供了应有的发展其道德行为的机会。品德培养的问题是一个需要实践操作的问题。"德育过程是德育实践存在和发展的状态。任何一个具体的德育实践都是在德育过程中存在和进行的，离开德育过程，德育实践就不复存在，不能进行和发展，不能取得预期的效果，德育目标的达成就会成为一句空话。"可见，品德的培养必须借助于活动实践。学生通过班级活动参与实践，在与别人的共同活动中使自己的道德观念、道德品质和道德行为得到检验和评价，从而提升自己的道德水平。

（二）班级活动是培养学生交往和合作能力的重要方法

现代社会是一个竞争的社会，也是一个合作的社会，高速发展的社会经济日益需要人与人、国与国的交往和合作，因此，具备有效的人际交往能力和积极的合作精神是新世纪人才应具备的基本素养，特别是对于当今的独生子女而言显得尤为重要。许多家长过于溺爱孩子，使得孩子养成了以自我为中心的性格。加之繁重的课业压力，使得学生与他人的交往和合作日益减少。对于青少年而言，通过师生之间、同伴之间的良性合作与交往能有效地实现其个体社会化的发展。在现有的学科教学中，学生往往缺少合作和交往的机会，而班级活动恰恰给学生提供了合作和交往的平台。在班级活动中，教师带领学生为了共同的目标相互帮助、彼此合作。学生有更多的机会去处理人际关系的问题，并从中学习分工、沟通、交流、合作的技巧。交往的需求得到了满足，合作和交往的能力也得到了锻炼。

（三）班级活动是促进学生独特个性形成的有效手段

从心理学的角度来说，个性是指一个人整体精神面貌，即具有一定倾向性的心理特征的总和。主要由需要、动机、兴趣、智力、能力、气质、性格和世界观等特质构成。以知识作为发展基础和动力的知识经济时代需要极富个性和创新精神的人才去创造新的事物，从而推动社会的整体前进。单纯地进行学科教学很难让学生的个性得到充分的发展，甚至有可能陷入"千人一面"的怪圈。而丰富多样的班级活动恰好能培养学生独特的兴趣爱好，展示学生各自的才能，从而成为一个有自己独特个性的人。各色各样的班级活动能让学生找到适合自己的角色定位：善于辩论的学生可以在辩论赛中一展风采，擅长歌舞的学生可以在文娱晚会上大显身手，爱好体育的学生可以在运动会上独领风骚。班级活动的开展可以激发学生自我个性发展的欲望，形成属于自己的独特个性。

（四）班级活动有助于形成良好的班风，提升班级凝聚力

一个班级通常由几十个来源不同、生活背景各异的同学组成。如果没有一定的约束机制、共同目标，学生们就很难团结起来。要把一个班级的学生凝聚在一起仅靠开展学科教学活动是不够的，必须要开展丰富多彩的班级活动。经常开展富有教育意义的各项班级活动是形成良好班风、提升班级凝聚力的必要条件。班风是一个班级集体通过长期的交往、交互活动所形成的学习生活风气，是集体荣誉感、道德观、价值观等诸多因素的综合体现，是学生在校学习生活、成长的动态过程。班风靠每个成员的活动行为来塑造，要用每个成员的共同努力来谱写。在班级活动中，师生之间、生生之间相互交往、互相了解，为形成良好班集体奠定了感情基础，学

生的集体主义精神和责任感会被激发起来。同时，在活动过程中，正确的、健康的、善良的事物将得到肯定和强调，错误的、不良的事物将为大家所不齿，良好的班风也就逐渐形成。和谐、良好的班风会不断提升学生的班级认同感，班级的凝聚力自然也会得以提升。例如，在体育运动会中，学生无论是做运动员、做啦啦队还是做后勤人员都会为班级尽自己的全力。良好的班风和班级凝聚力就在活动的过程中悄然提升。

（五）班级活动是实现三方协同合作，培养学生的重要途径

班级活动的开展往往不会局限在学校之内，它需要学生家庭和社会的共同支持，这就为学校、家庭、社会的三方相互协作提供了有利的平台。较之于课堂内进行的学科教学，班级活动的开展拓展了教育的空间，让学生家庭和社会有机会承担共同培养学生的责任。众所周知，在教书育人的过程中，学校、家庭和社会各自具备独特的功能和固有的优势，也担负着重要的、不可相互替代的重任。班级活动在三方协同合作之中开展，使学生的价值观念和行为准则发展得更为和谐，认知的矛盾也相应减少到一定程度。同时来自家庭和社会的各方面影响，也会多渠道地作用于班级活动，使班级活动的开展更符合社会实践真实的情景和学生今后的需求。

二、班级活动的特点

班级活动与课堂教学活动一样，都是对学生实施全面教育的途径，但班级活动在组织形式、教育内容、效果评价等方面与课堂教学存在差异，它有自身固有的一些特点。正是这些特点使得班级活动有其独特的优势。

（一）自愿性

课堂教学通常都要受到教学大纲和教学计划的制约，学生很少有自由选择的机会。而班级活动以何种内容、何种形式、何时开展却可以由学生根据自己爱好、兴趣自由选择，教师起到的是引导的作用。一般来说，学生自愿参与班级活动，就能在活动中充分发挥主体的作用。由于学生身心发展尚不稳定，教师在学生选择活动时可以进行适当的正确引导，但必须秉承班级活动学生自愿参与的特点。学生只有对参与的活动感兴趣，才能充分发挥自己的积极性和主动性，从而在活动中发展自己的特长、养成自己的个性。

（二）生活性

正如陶行知先生所说："没有生活做中心的教育是死教育。没有生活做中心的

学校是死学校。没有生活做中心的书本是死书本。"可见，任何教育活动的开展都必须围绕"生活"这一中心。班级活动作为联系学生与学校、学生与社会的纽带，打破学校教育与生活世界脱节的状况，它立足于学生现有的日常生活，让学生发现日常生活中小事蕴藏的大哲理；同时，它关注学生未来的可能生活，鼓励学生不满足于已有的生活，并勇敢追寻超越现实生活的可能性。

（三）教育性

班级活动是培养学生独特个性、完善人格并对其实施德育的主要阵地。较之于一般性的活动，班级活动往往暗含着培养学生道德品格的意图。班级活动在培养学生各方面能力和提升他们科学认识的同时，更关注增强学生的道德感悟，提升他们的道德水平，完善他们的道德行为。班级活动教育性的特点意味着在活动中更重视学生德性的养成。例如，关于环保主题的活动，一般的科学活动会更加关注环保知识和环保意识的形成，而班级活动则会在兼顾知识传递和意识形成的情况下，更强调培养学生关爱自然、关爱生命的情怀。目前，许多班级活动都体现了教育性这一特点，比如学会感恩、学会节约、学会尊重等，都蕴含了很强的德行教育意义。通常由于班级活动的主题鲜明、针对性强，对学生的影响效果就更明显和突出。

（四）体验性

班级活动的开展不是教师讲授，学生被动接受的过程，它应该是思想慢慢渗透和深入进学生内心世界的过程，这一过程必须通过学生自己亲身的体验来完成。不同于课堂教学，班级活动自身就有很强的体验性，学生不再是被动的知识接受者。通过一次班级活动的开展，必须让学生全身心地投入和体验，才能触及心灵，引起共鸣，让学生形成对事物积极的态度，甚至与所体验的事物融为一体。班级活动所创设的体验情境，给予了学生感悟周遭真实世界的机会。

第二节　班级活动组织的原则

精心组织的班级活动，能让学生充分受益、终生难忘。学生在政治思想、道德品质、文化素养、心理机能、审美情趣、体能训练、个性特征等方面能够得到提高。要组织良好的班级活动，必须遵循一定的要求。

第五章 班级活动设计与实施

一、活动主题的针对性和教育性

针对性是指开展活动要做到有的放矢，要根据学生学习或生活中存在的现实思想问题，有目的、有准备地组织开展班级活动，或者根据学生的思想发展变化的规律，有预见性地提前组织开展活动，变被动为主动，牢牢把握教育工作的主动权，努力做好超前预防工作。与此同时，针对性地开展班级活动，活动的选材形式应依据学生的年龄特征与知识水平来安排。这就要求班主任要重视调查研究，摸清学生的思想状况，把握学生的特点，并以此来选择活动的内容与形式。在主题具有针对性的前提下，同时还要考虑活动的教育性。

教育性首先应体现在活动的教育内容上，活动反映出来的教育思想一定要符合新时期的教育方针，符合教育规律，使受教育者在德、智、体、美、劳诸方面都得到发展；其次应体现在活动的每一环节上，在激发动机、活动准备、活动进行、活动总结这四个环节中都要注意体现和突出活动的教育意义。

班级活动，应具有鲜明的教育倾向，并非只是把它作为一种课余活动而已。其实，班级活动作为实践活动课程内容之一，有着广泛的教育内涵，首先应突出常规的爱国主义教育、集体主义教育、纪律规范教育等，同时也赋予新的教育内容，如环境教育、品德教育、心理健康教育、法纪教育等。可围绕这些主题开发、设计相关的活动。

二、活动设计的整体性和灵活性

班级活动，应着眼整体效益，特别是在活动的内容、教育力量上作整体的考虑。在教育内容上，班级活动包括了德、智、体、美、劳等多种内容，在诸多教育之中，把德育放在了重要的位置。这里应该指出，教育的整体性，不应该是硬性的拼凑，而应是有机的组合，要围绕活动的主题，从不同的侧面加以反映。"在教育力量上，从校内看，将学校教育安排、年级教育活动、班级活动这三股力量拧成一根绳，体现教育的衔接性和连续性；从校外看，要整合家庭教育力量和社会教育力量。"

班级活动的灵活性这一方面表现在班级活动具有生成性的特点上。这是由班级活动的过程取向所决定。每个班级都应有对班级活动的整体规划，每个活动开始之前都应对活动做出一个详细周密的设计，这是班级活动计划性的一面。但是，班级活动的本质特性是生成性，这意味着每一个活动都是一个有机整体，应根据预定目标灵活地调整活动过程。

随着活动的不断展开，会产生很多新的目标，不断形成新的主题，学生在这个过程中兴趣盎然。随着认识和体验的不断加深，学生们会不断迸发出创造性的火花，这是班级活动生成的集中表现。对班级活动的整体规划和周密组织是为了使其生成性发挥得更具有方向感、更富有成效。

此外，班级活动的灵活性还表现在其时间、地点、方式的灵活上。班级活动不一定非在教室内、学校内开展，可根据季节的特点来安排，暖和的季节以室外活动为主，例如操场、公园等地。寒冷的季节以室内活动为主。即使在室内，也可根据活动的主题安排在微机室、医务室、音乐教室、校史室等场所。

三、活动内容和形式的自主

开展班级活动要有自主性，要让学生当家作主。这个自主贯穿整个活动的始末，做到计划自己定，办法自己想，决定自己做，活动自己搞。提倡活动的自主性，不等于放任自流、班主任要给以相应的指导。新课程改革之后的教育理念要求教师的作用重在激发学生的学习热情，调动学生的学习动机，帮助学生完善其自主学习能力，并非强迫、替代学生学习。班级活动一开始作为课外活动的课程范畴，一直延续着课外活动的传统，即学生应是班级活动的主体，无论是活动主题的确定和设计，还是活动的准备与实践，都由学生自己来安排，班主任只是起指导作用，其指导艺术在于使班级这个整体运转起来，最大限度地调动全班同学的积极性，使全班同学处于兴奋状态，自主地投入到班级活动中去，让同学们普遍意识到，这是我们自己的活动，我们要动脑筋、想办法，把活动搞好。

四、班级活动的开放性

在全球化的今天，如果我们的教育不联系社会生活，不以一个开放的态度教育学生，那么，封闭的教育内容将与生活实际发生严重的冲突，失去教育的说服力，将来学生毕业后也难以适应变化中的社会。因此，班级活动应具有开放性，立足于学生的长远发展，让学生更好地适应现代化的世界。

首先，要注意班级活动形式的开放性。班级活动应向同年级开放，应加强高低年级的联系，有些活动本身可与兄弟班级联合开展，这样，既可增进班际的联系，也可促进班级活动质量的提高。与家庭应紧密联系，既通过活动请家长帮助指导，又通过活动促进家长认识提高，改善家庭教育，使家庭发挥良好的教育作用。同时，鼓励学生参加社会实践活动。让学生主动参与、承担社区活动，班级活动的设计要面向社会、面向生活，这样让学生认识大环境，争取大环境中积极因素的配合，减少大环境中消极因素的干扰，让学生在认识社会的过程中增长才干。

其次，注意班级活动内容的开放性。必须加强与学生生活实际的联系，面向学生的整个现实的生活世界，并随着学生生活的变化而变化。例如，网络已成为人们真实生活的一部分，怎样让学生正确地认识与处理上网与学习、网络道德与道德法律的关系，我们可进行"我与网络交朋友"的主题活动；为了让学生了解真实的社会，可进行"城市大眼睛"的调查访问活动。开展班级活动要有趣味性，设计的活动必须符合学生的心理、生理特点，活动时能使学生感到愉快、有吸引力。活动的趣味包括志趣、童趣、情趣、野趣、风趣等，使活动产生趣味的方法是注意活动的多样化、形象化。

再次，注意活动人员的创造性。要搞好班级活动，必须不断创新。在活动内容上要让活动的选题符合学生的身心特点，符合学生的实际需要。在活动形式上要加强创新，基本思路是把活动内容进行适当的改变，如把去敬老院看望老人变成去敬老院当小护工，将看作文变为看图赛歌，将常用的到会领导讲话改为邀请到会者即兴作一句话演讲，将大学生开展的论辩活动移植到中学活动中来。这样，很多学生见过的活动形式，经常以新面孔出现，使学生感到新颖有趣，增强了活动的吸引力，从而促进活动质量的提高。班主任还要不断分析与思考班级活动原则，对目前班级活动中存在问题进行反省性思考，对班级活动固有的特征进行回归性探索，通过开展有意义、有趣味、有新意的班级活动，在保持历史传统的基础上，为这一新课程性质的理解做出自己探索性的回答。

最后，注意活动实施的操作性和长效性。要注意班级活动的规模，如日常活动基本上是每天进行的，像晨会、午会等班级活动，因此要短、小、实。短，即时间短，一般三五分钟；小，即解决小问题，或针对班里的情况一事一议，或对一种行为展开评价，或背诵一首古诗，或表扬一个同学；实，即解决问题要实际，一次集中解决一个问题，不面面俱到。同时，要注意活动的频率。如班级主题活动的次数一个学期不能过多，也不能没有。活动过多，学生花很大精力在活动上，必然会冲击学习，造成一些人静不下心来学习；活动过少，学生会感到枯燥、乏味，滋生的一些不健康思想得不到有效的控制，班主任会疲于应付偶发事件。至于活动多少为宜，要依据具体情况具体分析。开展班级活动应有长效性，班级活动开展的具体过程可能是短暂的，但活动的意义本身在学生当中应该有长期的效能，因此好多活动应当坚持定期开展，以点带面，使活动的教育意义不断得到深入。

第六章 基于文化视域下的德育工作

德育与文化密不可分，文化与德育往往是同根同源，文化影响德育内容，德育具有文化品格。中国优秀传统文化是维系整个中华民族的精神力量，也是构建中国人身份的文化根基。文化是民族的灵魂，习近平总书记深刻指出："一个国家的文化软实力，从根本上说，取决于其核心价值观的生命力、凝聚力、感召力。"同时，他强调基于传统文化的转型发展来建立当代中国价值观。

第一节 基于传统文化中的学校德育

文化核心是价值观的问题。我国传统文化是以华夏民族为主体、以儒家占社会主导地位的一种价值观念（这种价值观念不同于学者型价值观、世俗价值观）。中国悠远浩博的传统优秀文化是德育的"根"和"魂"，其中，和谐思想是中国优秀传统文化的主要内容之一。

一、和谐思想的渊源

什么是和谐？"和"字，从龠，从禾，最早是指一种笙管乐器；"谐"，相合也，强调顺和、协调。《说文解字》中的解释："和，相应也"，"谐"是配合得当的意思，"和谐"就是"相应"且"配合得当"。我国古代制作乐器的材料，有金、石、丝、竹、匏、土、革、木等八种，金为钟，石为磬，琴瑟为丝，箫管为竹，笙竽为匏，埙为土，鼓为革，抚敔为木，称为"八音"。八音的材料不同，则音质、音色、音域也不同。乐器的声与律相互配合与照应，按照一定旋律演奏，是音乐和谐的关键。《尚书·尧典》记载，舜命令夔担任乐官，要求做到"诗言志，律和声，八音克谐"，就是这个意思。再比如酸甜苦辣咸五味，为烹饪所不可或缺，但如果调配不当，菜肴就无法入口，恰到好处，即古人所讲"五味和"了。

中华民族历来具有以人为本、自强不息、以和为贵、注重和谐的文化传统。可以说，和谐既是中国传统文化的内在"基因"，也是德育追求的一种境界。在中国传统文化中，和谐思想早在公元前7世纪出现在《国语》中，郑桓公与伯阳父（史伯）

谈论"兴衰之故"和"生死之道"时，就首次提出"和实生物，同则不继"的思想。史伯说："虞幕能听协风，以成乐物生者也。夏禹能单平水土，以品处庶类者也。商契能和合五教，以保于百姓者也。周弃能播殖百谷蔬，以衣食民人者也。"意思是虞夏商周各朝代能够建立和谐的关系。《论语·学而》中说："礼之用，和为贵"，等等。概括而言，传统的和谐思想主要体现在以下三个方面：

（一）天人合一

《周易》被誉为"群经之首，大道之源"。《周易》认为："天地之大德曰生"，"夫大人者与天地合其德"。先秦时期，儒家代表人物孟子说："尽其心者，知其性。知其性，则知天也。"孟子最早提出"天人合一"，主张天人相通，人性乃"天之所与"，天道有道德意义，人之性善的根据在天。荀子主张"制天命而用之"，认为"天"是"列星随旋，日月递照，四时代御，阴阳大化，风雨博施"。《中庸》主张"与天地参""损益盈虚，与时偕行"，指出人要依循自然规律做事。除儒家之外，道家还认为和谐有三种形态，即生态和谐、世态和谐、心态和谐。例如，老子在《道德经》中说："人法地，地法天，天法道，道法自然"，自然的法则被摆到至高无上的地位；庄子也提出："天地与我并生，万物与我为一。"可见，古代圣贤对自然的态度既缠绵悱恻，又俯仰自得；游心太玄而又超其象外。当全球环境陷入恶化的今天，这种蕴含着敬天、重地、仁人、善物的和谐思想为我们提供了摆脱困境的途径。

（二）人际和谐

人际（群己）和谐的前提是人与自身的和谐。人自身能心平气静、和乐生活，在此基础上，人与人之间相互尊重与爱护，"与人为善"，把"爱人"当作第一要义，"立己立人，达己达人"等。例如，孔子教育弟子"入则孝，出则悌，谨而信，泛爱众，而亲仁"，即回到家里要孝顺父母，在外面要尊敬长辈，做事谨慎有规矩，诚实守信，博爱民众，做亲近有仁德的人。孟子曰："天时不如地利，地利不如人和。"在《礼记·礼运篇》中描述了人际和谐的美妙图景："大道之行也，天下为公，选贤与能，讲信修睦。故人不独亲其亲，不独子其子，使老有所终，壮有所用，幼有所长，鳏、寡、孤、独、废、疾者皆有所养"。《周礼》中也提出"以和邦国，以统百官，以谐万民"的思想。《大学》里讲：格物、致知、诚意、正心、修身、齐家、治国、平天下，要求个人从修身做起，然后实现齐家、治国、平天下的人生理想，即所谓"内圣外王"。由个体道德自律推及社会责任，由家庭和谐扩展到社会和谐，把个体心性和谐与家庭和谐、社会和谐联系起来做整体性认识，这充分体现集体责任感和个体责任感的高度统一。

（三）和而不同、和而玄同

中国传统的和谐思想是建立在多样性和差异性基础上的"以他平他"，而不是否认事物存在的丰富性、异质性。例如《国语·郑语》中说："夫和实生物，同则不继。以他平他谓之和，故能丰长而物归之。若以同裨同，尽乃弃矣。故先王以土与金、木、水、火相杂，以成百物。""声一无听，物一无文，味一无果，物一不讲。"这句话的意思是一种声响构不成音乐，没有听的价值，只是一种颜色就没有纹彩，只是一种味道就不成为美味，只是一种事物就无法衡量比较。至于"和"与"同"的关系，《左传·昭公二十年》记载了齐侯和晏子对话，把"同"与"和"进行了区别。公曰："和与同异乎？"对曰："异，和如羹焉，水火醯醢盐梅以烹鱼肉，燀之以薪。宰夫和之，齐之以味，济其不及，以泄其过……若以水济水，谁能食之？若琴瑟之专壹，谁能听之？同之不可也如是。"由此可见，"和"指不同事物的统一和谐，而"同"指相同事物的简单相加或绝对同一。"和"既强调主体间事物间协调、相应、配合得当，同时也要保持主体的个性和事物自身特色，以利于主体和事物在和谐的联系中按自身规律持续发展。只有多因素之间的统一和谐，才能构成事物发展的生机和存在的价值。

总之，传统文化中的和谐思想，既有内在和谐，即人的知情意行和谐、兴趣能力个性特征的和谐；也有外在和谐，即人与社会、自然的和谐。显然，和谐德育枕靠着深厚历史文化积淀，体现传统继承与现代创新的融合，展现出中国德育价值、中国德育智慧。需说明的是，一方面，继承传统不是僵化，否则，食古不化，目的在于增强文化底蕴和文化自信，文化传统也不等于传统文化；另一方面，创新发展需要把外国先进思想化为本土的实践，借鉴不等于移植，否则，食洋不化，应避免形式主义和崇洋媚外。

二、和谐德育及其特征

从哲学上看，和谐是事物发展的协调性、均衡性，合乎规律的相互依存、相互发展的范畴。再从教育社会学上看，和谐理论作为社会学的一个流派，主张结构功能主义的均衡论，认为社会结构中的各部分是相互依赖、彼此协调、互为补充的，学校通过"社会化"和"选择"两种功能，为社会培养具有共同价值与信念、有创新能力的人才，从而促进社会发展。

那么，和谐德育就是以满足社会发展和受教育者健全人格为出发点，在遵循身心发展规律的基础上，调控构成德育的诸要素之间的关系，使之发生和谐共振效应，从而促进受教育者思想品德发展的一种德育模式。它是一种全景式的德育视角。其特征如下：

（一）系统性

美籍奥地利生物学家贝塔朗非将系统定义为"处于一定互相联系中与环境发生关系的各组成部分的整体"。例如，在植物系统中，根和叶是植物的子系统，一棵繁茂的植物，根不断吸收养料和水分，叶子才会进行光合作用，植物才能更加茂盛；反之，根不吸收养料和水分，叶就不能进行光合作用，植物就会死亡。在系统中，任何事物的存在和它具有的属性总是依赖于这样或那样的条件，只要把组织肢解，作为整体的属性就会消失。原因在于任何组织系统都形成了部分互为条件、互为因果的"维系网"。一旦割断功能的糅合网，每个系统都失去了必需条件的提供，这样，整体的功能当然不复存在。由此推论，和谐德育好比是各要素交互影响的一种"生态"关系。学校道德教育是一个面向社会开放的复杂系统，这一系统的稳定与和谐受到社会大系统而来的"嫡流"影响。教育者无法排除这种影响，而且也不能一味地拒斥这种影响，因为依据系统理论与社会历史发展规律，这种影响不仅是打破系统原有平衡与和谐状态的破坏力，也是使系统进入新的发展阶段的推动力，正是在这种作用下，系统从一个个"混沌状态"走向"新的秩序"。

（二）整体性

世界上的事物是一个广泛联系的整体，整体不是简单相加，如一堆水果、一堆沙粒；而是不可分割地结合在一起，像动物的肢体、水坝的沙石等。和谐德育是关注人的品德结构的完整性，即道德知识学习、情感培养、意志磨炼、行为训练和习惯养成的有机统一。整体性体现在德育计划的完整、内容的全面、时间的延伸、空间的拓展、评价的协商等方面。在德育过程中，学校要把各要素有机组合起来，进行统一思想、统一协作、统一管理，从而达到系统功能的整体优化，如果孤立地从单学科或单方面进行道德教育是难以达到理想的育人效果的，这就需要学校、家庭、社会各方面密切配合，进行整体推进，合力育人，把学校德育延伸到家庭和社会之中。具体来说，学校德育社区化、社区生活道德化，实现课堂内外、校园内外、隐性课程显性课程相结合的新格局。

（三）互动性

和谐德育不是一种静态的概念，而是一种动态的概念，表现为教育者与受教育者之间，以及学校、社区与家庭之间的参与互动等，在互动中让学生学习、理解和践履社会道德规范。大家知道，品德发展是在外部环境的影响下，经由个体自身道德价值观念上的矛盾冲突后,逐步重构的一个过程。教育者应把握好内因与外因的辩证关系,抓住着力点,促进学生品德发展。正如《荀子》中说:"万物各得其和以生。"这是讲万物各因其存在的和谐性而得以生生不息。所以,和谐的本质是"生"。它表明和谐不仅能使矛盾各方面在统一体中找到最佳的存在方式,还能使矛盾统一体获得保持和释放生命力的最佳互动结构形式。

(四)适应性

和谐德育既包括学校与家庭、社区德育之间的互相配合,也包括教育者与受教育者之间的相互配合。适应性要求家庭和社区德育活动的开展、内容的选定等方面,要考虑学校德育目标和青少年品德发展的实际需求,同时,学校德育任务也要为社会政治稳定、经济发展、家庭传统美德建设服务,培养具有良好公民道德素质的人。在和谐德育系统中,只有德育双方的"离散"和"结合"彼此平衡,才能维持稳定最佳状态,因为适应(适合)是最好的;若德育各方的"离散"超过系统稳定性的承受能力,就会引起诸要素之间的摩擦与冲突,导致整个系统的振荡和瓦解,使德育效果相互抵消,甚至出现负效果。

三、和谐文化思想在学校德育中的应用

习近平总书记在纪念孔子诞辰国际学术研讨会上的讲话中强调:"中国优秀传统文化的丰富哲学思想、人文精神、教化思想、道德理念等,可以为人们认识和改造世界提供有益启迪,可以为治国理政提供有益启示,也可以为道德建设提供有益启发。"我们要弘扬中华优秀传统文化,应从继承中国传统伦理道德教育开始。当前,学校德育针对青少年品德出现的新情况新问题,要做好"守本"与"创新",即是说,根据社会发展需要,借鉴传统文化蕴含的丰富人文精神和道德观念,创新德育形式,促进学生品德不断发展和完善。和谐文化中德育思想要求学校德育立足整体,视角多维,从全员、全程、全方位上来把握,这为解决困扰德育的一些难题提供了有益的启示和借鉴。

(一)在德育实施中注重系统推进

自然界中,同一生态系统内的不同物种为着彼此的生存而相互调整与适应,它们通过符号、能量交流以构建起互惠、相依、共栖、寄生、自养等共生态方式,并且不断在这些关系中生发、突变出新的、更高级的关系。这种共生关系的事实与相应观念启示人们:每个人都不能脱离他人而孤立存在,人与人之间普遍存在着意义的联结,这种意义的联结是道德关系的本质。人是关系性的存在,既不能孤立存在,

也不能孤立行动，均受到内外因素的交互影响。大家知道，任何事物的存在和它具有的属性总是依赖于这样或那样的条件，学校道德教育也是如此。社区网络分析理论认为，应把人与人、组织与组织之间的纽带关系看成一种客观存在的社会结构，以此来分析这些纽带关系对人的影响，学校不应是游离于社会的"网络孤岛"。由此可见，德育不是孤立存在于学校教育中，对于学生品德发展来说，学校教育只是一种重要因素而不是唯一因素。这就需要家庭、社区德育紧密跟进。道德教育途径多样，既可以通过专门的德育课程教学进行，也可以通过社区活动方式进行。学校与家庭、社区和谐德育是最直接、最完整地触及学生的思想情感、行为方式的教育。为此，学校要主动寻求并保持与外部环境的动态平衡，以活动为载体，以德统智，开展各项德育活动，做到贴近学生的生命需要、贴近学校的生活需要、贴近现实的社会需要。

（二）在德育各要素中注重整体构建

学校德育是根据社会道德方面的要求与学生思想品德实际状况、发展变化规律，进行有目的、有计划、有组织的教育过程，并通过受教育者的自身思想矛盾运动和实践体验，形成良好的思想品德和健康人格。学校德育不仅引导学生关注学业成绩、职业前景、科技发展的问题，更涉及个体生存、心理需要、精神追求、美感经验、人伦道德、人格完美等问题。学生道德素质发展与自身所在的环境密不可分，这里的环境是指班级文化环境、校园文化环境、家庭文化环境、社区文化环境和网络文化环境。这些构成了学生生活环境的整体，对塑造学生道德素质起着不同作用。德育的成效取决于德育多种要素的和谐，为此，构建学、社有效衔接的德育模式，通过实景体验场来整体推进青少年道德认知、情感和行为教育，培养其社会性道德人格，这既标识着个体生命存在的意义，也构筑着社会发展的根基。在德育过程中，发挥教师与学生的"双主体"作用，整合学校、家庭、社会三种教育力量，把握好知、情、意、行四要素的和谐共进，将学校德育目标、内容、途径、方法、管理、评价各要素有机组合起来，达到系统功能的整体优化。例如，就德育内容来说，注重民族性和时代性结合，内容统整，重点突出；民族性就是要加强传统美德教育，尤其是道德先师孔子倡导的仁、义、礼、智、信、忠、孝、勤、公、省等的教育。就德育途径来说，既有直接途径，也有间接途径；间接途径如在课程中，通过经典作品、唐诗宋词、书法戏曲等教学，寓教于文，寓教于情，同时结合礼仪训练和情感陶冶，增强青少年对中国优秀传统文化和道德的认同。

（三）在德育过程中注重互动参与

20世纪60年代兴起的结构功能主义认为，社会是具有一定结构或组织的系统，社会的各组成部分有序关联，并对社会整体发挥着必要的作用。社会心理学的"交互决定"理论也认为，行为、个体和环境是相互影响、互为制约的一个系统，互动过程是一个有意或无意学习模仿的过程。学生品德发展既是个体自身与环境交互作用的过程，也是个体自身的道德价值观念的矛盾冲突、在教育影响下逐步重组的过程。学校德育需要"走出去，引进来"，"走出去"就是组织学生走出校园，参加社区一些实践活动；"引进来"就是把社区中德育资源引进学校中。一方面，注重师生之间的互动参与，确立德育"双主体"意识，即教师和学生在德育过程中都处于主体地位，既关注学习主体"学"的主动性，又关注教育主体"教"的创造性。另一方面，注重学校、家庭与社区之间的互动参与，学校通过校园文化、课外活动等途径来强化学生品德教育，形成正确的道德情感和行为；社区通过场所设施、文化习俗、实践活动等途径来实施道德教育，营造道德教育氛围，引领学生践行道德行为规范。

第二节 基于网络文化中的学校德育

网络文化是建立在互联网基础上不分国界、不分地域的一种信息文化。一方面，它以其知识的丰富性、传播的快捷性、参与的直接性成为当代青少年学生获取各种知识和信息的重要渠道；另一方面，它又以其传播的虚拟性、杂乱性和多元性给学校德育带来了新的困惑和问题。当前，随着学生上网兴趣的增强和上网时间的增加，网络已成为学生学习和生活的重要组成部分。在信息化时代，我们如何把握网络文化这一时代特性，进行学生道德教育呢？这是实现德育科学发展面临的一个重要课题。

一、新媒体成为日常生活中的普遍现象

新媒体是在新的技术支撑体系下出现的媒体形态，如数字杂志、数字报纸、数字广播、手机短信、移动电视、网络、桌面视窗、数字电视、数字电影、触摸媒体等。相对于报刊、出版、广播、影视四大传统意义上的媒体，新媒体被形象地称为"第五媒体"。新媒体以快捷、新颖、丰富、开放、交互、动态和跨时空的特点给青少年学习、生活带来巨大变化和强烈感受。他们可以通过新媒体言语视频的文化

和乐趣，使身心得到放松，上网成了寻求知识的途径。21世纪，我国成为网络大国，已迈入智能化、信息化、网络化的时代。互联网、云计算、大数据等信息技术，深刻影响着人类的生产、生活、学习方式，短信已被微信取代，胶卷已被数码相机取代，BB机早已被手机取代。例如，互联网可提供教育、健康、医疗个性化服务等。据统计，目前，我国拥有7.51亿手机网民、1.1亿网络学习用户，每天新增用户约20万。随着数字媒体的普及，当代学生是这个数字时代的"原住民"，于是，有人用"滑一代、微一代、搜一代、游一代、秀一代"5个词来总结。随着儿童年龄的增长，看电视、读课外书的时间逐渐减少，而使用手机、平板电脑等数字媒体的时间却不断增加，据调查，10岁小孩开始有属于自己的第一部手机，到初中时手机已成为最受学生欢迎的媒介，每天4至5小时用于电子视频，且享有独特的朋友圈。

网络文化有其独特的社会文化价值及其地位，那么，作为德育的一种资源，它具有以下特征：

（一）内容丰富性

随着我国网络产业的不断发展，各种电子产品在市场上流行，深受学生们青睐。网络文化与学生成长同生共存，只要"百度"一下，或"摇一摇""扫一扫"，答案尽收眼底。网络知识总量不断增加、信息丰富，可以说，一切知识无论是历史的，还是现实的；无论是本土的，还是外域的，都汇聚在网上，内容丰富且图文并茂。青少年通过新媒体，可超越时空，自由地利用人类智慧资源，能及时、便利地获取大量所需的信息，并参与信息的反馈和再创造，最大限度地满足获取知识和进行自我教育的需要，获得解决现实问题的建议和思路；通过电子邮件、微信、QQ或手机短信加强交流，解决学习和生活上的难题和困惑。

（二）体验自主性

与传统社会人们的文化意识相比较，网络文化呈现一种更少依赖性、更多自主性的特点，并为人们文化主体意识的觉醒、文化主体地位的确立创造条件。在学校中，教育信息化已走过以硬件投入、网络接入为主的基础设施建设阶段到信息技术应用于辅助教育教学管理阶段，再到当前已发展到技术与教育深度融合的阶段。互联网技术正逐渐改变学校的"教、学、评"工具，改变课程的结构与形态。学校以学生需求为导向，开设在线教育平台，视频化的"云课堂""教育淘宝"在线对接，实现个性化教育。学生通过对网络文化资源的主动吸收和体验感悟，使其得到心灵的滋润。为此，教师要从学生道德发展的特点入手，引导并帮助学生树立正确的网络信息观念，形成健康向上的主体性道德人格。

（三）浏览任意性

网络文化使青少年学生没有时空限制地接受影响。例如，据调查99%的学生配有手机，其中87%的是智能手机。上学放学或课间十分钟，可以看到学生拿着手机埋头找看东西或上网玩游戏。新媒体能满足青少年的个性化需要，通过网上论坛、个人网页、手机短信以及新媒体作品制作等可以自由、平等、互动地表达和交流自己的主张，展现自我个性，从而强化个人价值，拓展心灵空间。新媒体消除了时空距离、社会地位、文化背景、种族、宗教信仰、风俗习惯等方面的差异，提供"无障碍"的人际交往环境。

（四）影响双重性

互联网媒体对青少年成长环境的影响越来越明显，青少年是接受和使用新媒体的主要群体，对新媒体的热爱、掌握和应用超乎人们的想象，在学校教学和日常生活中，其影响力也是人们所始料未及的。一方面，高品位的网络文化是学生思想道德生长的"土壤"，养育人文精神的课堂，使得网络文化所蕴含的道德观念内化为个体的道德思维和道德情操，构建自己的道德品质，塑造美好心灵；积极向上的网络文化感染和影响学生，发挥着积极作用。另一方面，互联网世界本身的新奇与诱惑、新异与多元及其开放性击中了人性的某些弱点，使其可能成为人类根本恶的展示平台，例如散布各种违反法律的错误言论、出售个人信息、贩卖伪劣产品、进行电信诈骗等，甚至网络成为涉黄、赌博与贩毒等违法犯罪的新技术平台，这些又发挥着消极作用。另外，还有人在互联网上结交新朋友，通过浏览信息打发时间，一旦离开互联网，内心的孤独感和空虚感就会增加，创造出与现实社会完全不同的另一个自己，并坚信这才是"真我"。可见，网络文化中悬着一把"达摩克利斯之剑"，因为其成分良莠不齐，特别是其中的不良文化会产生人们所说的"蝴蝶效应"，导致那些世界观与人生观尚未成熟的青少年学生，因缺乏自制力与辨别力，极易受侵害，成为信息社会的"迷途羔羊"。

二、应对网络文化，凸显道德教育主体

显而易见，"互联网+"的时代改变着人们的思想观念、思维方式、生活工作的样式，给学校德育带来机遇和挑战。当前，德育管理难度最大的可以说是网络对学生的影响，因为学生是网络文化的最大受众群体。凸显道德教育主体，就是强调学生道德主体的自为与自觉，即主体具有自身意义和社会意义的所言所语、所作所为。因此，基于网络文化环境下的道德教育，应强调道德主体的责任意识和自律能力。

第六章 基于文化视域下的德育工作

首先，在网络信息化社会，做一个勇担责任的人。面对网络文化的挑战，学生鉴别能力差、抵制诱惑意志薄弱，混淆了虚拟世界与真实世界的区别，缺少自主约束力和社会责任感，很难驾驭自己的所作所为，也容易受网络恶俗语言和虚假广告，特别是色情、暴力等诱导而误入歧途，导致道德意志的消解，这些对学生价值观、个人成长和人格发展会产生负面效应。在互联网环境下，每个学生既是道德学习者，也是自我道德教育者。学校德育的目的是使学生在道德方面的主体素质得到全面发展，让他们有承担道德责任的勇气。由于上网缺少"他人在场"的压力，快乐原则支配着个人的欲望，日常生活中被压抑的人性中恶的一面会在这种无约束的状态下得到宣泄。网络的隐蔽性与匿名性又导致青少年道德责任的弱化。虚拟世界无羞耻感，网络世界无忧虑，这些都影响着学生的现实态度。因此，在网络信息化社会中，德育要培养学生对己、对他人、对社会、对国家，甚至对全球的责任意识。自觉、自律、正直、诚实是基于网络环境下学生道德教育的核心内容。网络世界中人的道德责任和社会角色都与现实物理空间有着很大的不同。可见，为了责任，处于现实可能的道德主体，是他律性的；而出于责任，处于自为的道德主体，是自律性的。网络责任心是一种与道德责任相适应的个体意识，它是推动人们在运用互联网时自觉地履行道德责任，对自身执行道德责任的行为进行调控和自我评价，并对行为后果负责。对青少年学生来说，网络责任教育是在生命视野中对教育本质一种重新地理解和呼唤，强调的就是自主和自觉。

其次，在网络信息化社会，做一个道德自律的人。处于数字时代的"原住民"，新媒体加速了儿童的社会化进程，拓宽了学习的渠道领域，增加了学生交往的范围，提供了更多的娱乐方式。所以，今天的学生有可能比之前的学生心理更成熟，自主学习能力更强，信息知识更丰富，交往更积极主动。网络行为是一种特殊的社会行为，也是在无监控情境下的自觉行为，需要依靠良知与责任来调控，这是信息时代对学生提出新的挑战。网络文化在信息传播方面具有不可控制性，它不可避免地存在一些负面效应，这就需要加强自律能力教育。孔子曾主张："为仁由己。"自律是道德修养的一种境界，我国古代讲的"慎独"，即是以内心信念坚守和意志训练来完善道德自我监控与教育能力的。一个人在任何情况下都能自尊、自爱，才能真正成为有道德的人，并在自律基础上彰显自由的精神。在网络文化环境中，青少年在价值观方面，容易产生技术崇拜、自我中心、缺乏对他人的关爱；在政治观方面，各种意识形态可在网上找到立足之地，对于好奇心强的学生来说，容易导致亲西方国家的意识形态和政治制度，从而动摇我国社会主义核心价值体系及其信仰教育。网络文化是一种主体性文化，需要个体道德不断建构与重构，由他律走向自律。具有自律能力的人，无论何时何地遇到何种问题，首先想到的是依靠自己的道德思维和判断标准,而非外部力量去解决。虽然我们强调法律、技术等外在力量和管理制度,但是更重要的是突出主体性道德教育的方式与策略,尤其是网络道德自律精神的必要性。因此,在新媒体条件下,德育应培养青少年学生成为适应信息化社会要求的"网络自律人"。

三、学校德育需加强网络文化的价值引领

从文化发展来看,网络文化不仅推动道德进步,而且改变某些传统的生活习惯和行为方式,催生出新的道德观念和行为,如网络道德。所谓网络道德是指人们在信息时代中所体现的道德文明,是调节信息创造者、服务者与使用者之间相互关系的行为规范的总和,它是科技道德的一部分。即是说,网络道德是指人们运用互联网时对于媒体信息的选择、解读、传播、制作过程中表现出来的一种信息素养。重视学生网络道德和信息素养教育是时代的必然诉求。学校德育对学生网络文化的引领作用表现在观念导向、平台建设、管理调控等方面。

(一)确立与网络文化相适应的遮责观念

互联网时代,在数字化环境下学生获取知识往往呈现碎片化、快速化的特点,学生们最需要学习的是有积极价值导向和批判问题意识的独立思考能力,而不仅仅是获取所谓"客观知识"。作为一种新的文化形态,网络文化(非主流文化)所表现出的开放性、互动性、平等性,赋予每个人充分的话语权。作为网络文化主体的学生,对自由与平等的过度追求掩盖了网络文化中主与次的关系,甚至把主流文化看作是对人性的压抑,往往迫使自己走向事物的极端面,产生对网络文化的特别偏爱,这就需要教育者加以引导。要净化和提升网络文化的精神品位,让主流文化参与到网络文化互动中去,在网络文化中保持育人功能,让德育占领虚拟空间,丰富网络文化环境,增强德育的魅力。以网络作为信息传播的主体,产生新的语言、新的观念、新的需要和新的交往方式变化,需要以责任认知为核心的个人道德复归,注重对学生进行网络安全问题、信任问题、意识问题的教育。技术时代引发诸如"消费至上"和"娱乐蔓延"等多种态势,产生的"索取心理""惰性思想"等思想情绪对学生的价值观造成不良影响,期待学校给予学生新的价值观教育,培养学生良好的网络道德素养。网络道德学习的有效性可以从认知控制、动机控制、情绪控制和环境控制方面来进行。如在环境控制策略中,拒绝不良网站的诱惑、创建网络法规和道德环境等。同时,数字技术和网络技术让信息传递和知识分享的成本在大大降低,大数据技术使个性化教育进一步成为现实。借助大数据技术,并做出实时跟踪和反馈,为学生提供有效的教育方式。尽管互联网技术、信息时代的发展,为我

们创造了不同的教育生态环境，改变了学校的生活和师生关系，但是，未来的教育不管时代如何变革，立德树人、培养高尚的人格是不会变的；培养学生的批判性思维、创新性思维、创造的意识和能力，也不可能发生改变。因此，学校应确立开放德育理念、人本德育理念和个性化德育理念。

（二）构建与网络文化相适应的德育平台

全国互联网接入率达87%，优质数字教育资源日益丰富、信息化教学普及，迫切需要建设德育信息平台。新型的学校网络平台可以传播文字、声音、图像，为青少年道德学习提供多样化、互动性的立体途径，为学校德育提供更好的条件和更广阔的空间，拓宽教育内容，丰富教育形式，达到资源共享。网络文化具有新颖性、生动性、趣味性等特点，内容生动直观，容易吸引学生注意力，提高其学习的兴趣，调动其参与的积极性和创造性。因此，学校要重视网络媒体在校园文化建设中的作用，比如，建立学校网站与班级主页，在网上以喜闻乐见的方式对学生进行教育。开设服务于道德课程的"学习讨论"栏与"知识信息"栏，使道德学习既依托教材，又超越教材。登录某校网页，校情介绍总是最精彩又最精心制作的部分，办学理念与特色让人一目了然。许多学校主页界面设立德育网站，构筑道德学习共同体或"学习社区"，在风格上更加美观大气、在内容上更具特色、在功能上逐步完善，以推进学生品德教育。全国德育网提供了学生德育活动方案设计、德育课例实录，设置了"心理问题分析""心理热线""专业教师在线辅导"等栏目，学校可借助于这些网络手段对学生进行思想道德教育，增强德育的吸引力和感染力。网络德育还可从开发软件入手，德育软件开发遵循育德性、系统性、交互性、生动性、仿真性原则。因此，教师要具有网络资源的利用能力，了解网络时代学生思想品德影响因素的复杂性和多样性，有针对性地开展德育。此外，德育工作者借助QQ、微信等方式可以真实、及时地了解学生的道德心理和思想动态，从而更好地开展道德教育。可见，网上育德，天地更宽，这将成为学校德育的一个重要路径，有利于改善德育的手段和方法。正如诺贝尔奖获得者罗伯特·索洛所说，数字时代就是一场科技与教育的赛跑。需要指出的是，网络平台教育需要一定的"温度"，而并非冰冷的界面。

（三）构建与网络文化相适应的德育管理

网络给德育工作带来许多有利条件，它使人的视野开阔、观念更新、德育内容丰富、德育方法和途径更加多样化与科学化，品德考评也因计算机的广泛运用而更具有精确性和可操作性。但是，新媒体对学生的负面影响也日益凸现。首先，表现在学生对新媒体的不当使用上，由于学生自我控制能力相对较差，网上对话让"低头族"学生沉溺于虚拟空间,而一些网迷每日数小时玩弄手机或留守电脑前,使这些人因而患上"手机依恋症"并导致上课注意力不集中、易激怒、离群索居等。其次,有些学生利用新媒体的开放性、隐匿性和虚拟性的特点,或发表不负责任的言论,制造垃圾信息,污染媒介环境;或侵犯他人名誉权,对他人进行侮辱、诽谤和骚扰;或盗用私人信息,进行黑客攻击,制造网络病毒,侵犯知识产权,进行网络诈骗等,这些不仅是媒介行为的失范,更是道德行为的失范,有的甚至还冲破了法律的底线。再次,信息时代媒介所提供的信息丰富多彩,但同时也鱼龙混杂。由于某些商业利益的驱使和媒介素养的缺失,网上或手机短信传播一些虚假、淫秽的不良信息和流言蜚语,误导学生,导致形成错误的人生观和价值观;由于学生互联网识别能力不足、信息保护意识缺乏和生活阅历有限,可能遭受电信诈骗、个人信息泄露等问题。学校是引领、培育和传播网络文化的阵地,因此,应加强网络伦理、法制教育和安全管理,将网络安全和媒体素养教育列入学校教育课程。建设具有广泛影响力的思想文化传播平台,弘扬社会正气,形成向上向善的健康舆论。同时,政府应出台保障学生网络信息安全和个人隐私保护的政策法规,加强事先、事中、事后监管,建立清朗的网络空间。

总之,基于网络文化下的学校德育是以价值建构和意义阐明为目的的教育活动,其目的是要为现代学生的心灵寻找一个"家",点燃他们心中的"烛光"。通过网络文化来进行道德教育是新颖的、日常的、有趣的。学校德育需加强对网络文化的价值引领,着力培养学生的信息素养和网络道德品质。网络德育应以维护崇高、坚持日常、力求有趣为旨归。

第三节 基于地域文化中的学校德育

中国学生要成长为"有文化的"现代中国人,至少要受到民族文化、地域文化(社区)和学校文化三种文化性格的影响。当中,学校文化吸取了民族文化和地域文化的营养,形影相随,潜移默化,对学生影响最大、最深。地域文化具有适切性、地方性和特色性特征,它与青少年生活、学习方式的关系十分密切,成为一种教育"原生态"。我们把德育放入地域文化现象中加以审视和剖析,将更好地发挥文化的育人功能。教育者要把握道德教育的这种文化根基和时代品格("脉象"),确立德育的文化指向和路径选择,培养学生族群认同、地域认同和国家认同的和谐统一。

第六章 基于文化视域下的德育工作

一、社区及社区文化

（一）社区

"社区"一词源于拉丁语，意思是共同的东西和亲密伙伴的关系。在社会学意义上，社区一般是指聚集在一定地域范围内的社会个体、社会群体和社会组织，根据一套规范和制度结合而成的关系密切、出入相友、守望相助的社会生活共同体。德国社会学家斐迪南·腾尼斯认为，"社区是同质人口组成的关系亲密、守望相助、疾病相扶、富有人情味的社会群体"，他把社区看成是建立在情感一致、紧密联系、具有排他性基础上的共同生活方式。美国社会学家弗兰克·法林顿把社区解释为：社区是居住在一个社区里进行共同生活的人群，也即在相联系的经济和政治活动中形成一个具有一定程度上相同的价值观念和相应的实体单位，含有四个要素，即人口、地域、相联系的有组织的社会经济活动及与之相适应的管理机构、维持集体生活所必需的共同行为规范及其制裁制度。美国桑德斯在《社区论》中提出，社区是社区成员社会行动与互动的场域空间，所有的社会成员都在社区这个场域中发生互动影响，在持续变迁状态中人们企望社区能满足各自的需求，实现各自的理想和社会抱负。由此可见，社区往往是由聚居在特定区域内，具有某种互动关系、共同文化特质和心理归属感的人群所组成的社会生活共同体。费孝通等人第一次将英文Community译成"社区"，社区这一名称在我国逐步得以通用。厉以贤认为：社区是一定的具有某种互动关系和共同地缘文化的、有秩序有感情的人群，进行一定的社会活动的地域空间，它是介于社会和团体之间的社会实体。近年来，随着我国社区建设不断完善，社区文化对学生思想品德的影响尤为重要。

（二）社区文化

美国文化人类学家克罗伯和科拉克洪认为：文化存在于各种内隐和外显的模式之中，借助于符号的运用得以学习和传播，并构成人类群体的特殊成就，这些成就包括他们制造物品的各种具体式样。德国文化哲学创始人卡西尔也认为，在人类世界中"除了在一切动物种属中都可看到的感受器系统和效应器系统以外，在人那里还可看到可称之为符号系统的第三环节，它存在于这两个系统之间。这个新的获得物改变了整个的人类生活"，由于具备这个特殊条件，"人不再生活在一个单纯的物理宇宙之中，而是生活在一个符号宇宙之中"。在人类学家泰勒看来，文化包括知识、信仰、艺术、法律、道德、风俗以及作为一个社会成员所获得的能力和习惯的复合整体。它是弥漫浸透无处不在却无明显行迹可寻的隐性存在。在我国《辞源》

中，对文化的解释为"文治和教化"，人必须经过陶冶、修养，才能不流于粗俗。可见，文化本来是"以文化成"之意，即通过人发挥其精神力量转化这个世界，使之合乎人性的要求。人作为一种"文化体"，是要通过教化才得以成为人的。在社会学中，"文化"是一个社会所有成员共同享有的价值观念、传统和信仰。文化提供一种生活方式、生活意义、评价尺度和自我实现的渠道。文化发展因生态环境的不同而相异，不同地区有不同的"生态"条件，其文化发生、发展道路、状况、趋势就可能大相径庭。因此，社区在其历史发展长河中，逐渐形成其特有的文化，可称为社区文化。所谓社区文化是指聚集在一定区域内因其自然条件、人文条件、历史条件或其他条件而形成的区别于其他地域的物质文化、精神文化、制度文化，它反映了该社区独特的生活状况及生存条件，包括政治特色、民风习俗、人才资源等。社区文化表达的是其组织成员所共享的价值观或群体信念，以及成员结合起来的凝聚力，这种凝聚力可能是社会性的，也可能是规范性的。社区作为一个道德"场景"，对学校德育具有制约作用，对生活其中的学生来说，他们无时无处不受到社区教育"春风化雨，润物无声"的熏陶感染。

二、社区文化对学校德育的作用

构建学社一体、以校为本的德育模式，要将社会规约遵守与主体自觉参与融为一体，融通和澄明家庭、学校、社区生活中的关系，开启实践德性智慧，逐步臻于真美善的诗意境界。学校与社区在相互关联、相互作用中获得并协互进、扬优补缺、谐美融合，共同促进育人机制的生成。

（一）社区文化制约学校德育的课程设置

"环境即课程"讲的是对环境资源的利用和转化。社区文化的多样性，为学校德育多样性的发展提供依据，同时也推动学校德育课程内容的多样性。为此，学校要融入社区，了解社区文化，与社区相互融通，在社区文化的基础上结合学校实际来创造性地开展德育活动。学校地处社区内，社区独特的文化资源对学校德育有着重要的影响力和渗透力。苏联教育家苏霍姆林斯基在谈到社区对青少年影响时指出："单单在儿童上学或回家的路上，他们受到的思想教育，就比在学校里待几个小时受到的教育都强烈、鲜明得多。"其原因"在于这些思想是包含在形象里，包含在生活的各种画面和现实中"。不论是显性资源还是隐性资源，社区文化都必然深深影响与制约着青少年的成长过程和人格形成。人不仅是一种生物性的存在也是一种文化性的存在。文化作为一种"德育磁场"，学生生活于其中都会带有这种文化的痕迹或缩影，正如荀子所说"蓬生麻中，不扶而直"。所以，学校需要广泛汲取社区的教育资源，创生校本德育课程，寻求促进学生个体社会化的教育途径。

（二）社区文化影响学校德育的内容选择

德国学者伊里亚斯在《文明的进程》中提出，"文化"是使民族之间表现出差异性的东西，它时时表现着一个民族的自我和特色。社区是社会的组成单位，在一定程度上反映社会发展的趋势与特征。在办学过程中，为了使社区文化得以传承和创新，学校总会向学生传递社区文化所宣扬的一种地域价值观。学校作为社区文化传播的依托，通过社区场所设施、文化习俗、实践活动等途径来营造道德教育氛围，强化学生品德教育，形成正确的道德情感和行为。例如，合肥市庐阳区一些小学和其他乡村学校举办的"手拉手"活动，除建立学校之间的友好合作关系外，还重在培养学生助人为乐、艰苦奋斗、珍惜生活的精神。再如，广东省汕头市设立的存心善堂，组织学生献爱心捐赠活动，不仅体现了学校自身德育的传统和特色，也体现了学校所在社区的人文精神。

（三）社区文化推动学校德育的特色发展

社区文化为学校德育提供了更广泛的类型、更丰富的形式、更有效的活力。

社区文化融入学校德育后，为学校德育注入了新鲜"血液"，打造学校文化、学校特色和学校内涵"三位一体"的学校品质，从而使学生有更多的社区认同感。学校利用社区文化的优势，丰富学校德育的内容与形式，使德育变得更加具体和可行、更具有生活性和实践性。社区对学生品德发展的影响主要是通过社区服务学习、德育资源享用等策略来实现的。学校通过对社区文化的研究、挖掘、传承、创新，为青少年的德育实践搭建更广阔的平台，使德育理论与实践能很好地融合，提高青少年道德实践能力，也促进学校德育特色的创建发展。学校与社区相结合开展活动，既促进青少年的社会化进程，又使社区充满生命活力；既充实学校德育的内容，又丰富社区的文化活动；既拓宽学校发展的途径，又提升社区的精神文明建设水平。如涂尔干所说的那样，教育与社会化是相同的历程，社会只有在其成员充分同质性时才能生存，教育可以延续和加强这种同质性，使社会成员具有共同的观念、态度和行为。

三、利用社区文化资源，彰显学校德育特色

社区文化资源指社区内一切可为居民和学校组织开展教育活动所利用的物质文化和精神文化方面的总和。社区文化资源存在或弥散在一定场所、人群、制度和活动中，这些都可能成为学生潜在或间接德育的影响源。学校结合社区文化资源，应

着力加强德育特色或品牌建设，如开展社会课堂和志愿服务活动等。一般地说，社区文化资源主要包括以下几方面：

（一）场景设施资源

首先，社区往往具有其独特的自然景观，包括公共活动场所、自然风光、社区环境（绿化、美化、净化）和建筑新貌（城市、乡村建设），这些不仅可以陶冶性情、激发美感、培养乡土观念、提高审美情趣，又能培养青少年学生热爱自然、热爱家乡的情怀。其次，社区中的人文景观，通常都有美好的故事和历史渊源，包括名胜古迹、祠堂祠塾、文化设施、公益宣传、图书馆、博物馆、影剧院、体育馆、科技馆、青少年教育基地等。学校组织学生参观这些社区文化场所，让青少年在活动中、在兴趣中学到知识、得到成长。

（二）各种活动资源

在一些节日庆典活动中，社区活动往往是丰富多彩的。社区可以与学校共同制订德育计划，实施一些具体的方案，开展与节日相关的主题教育活动。国庆节、建军节、建党节可开展爱国主义教育活动，培养学生爱国爱党爱社会主义的情怀。社区中所举办的科技文化展览活动，让青少年有机会去亲身体验科技带来的新生活，亲身体验更能发掘个人的潜力，发现自己的兴趣点，促进他们投身于科技的行列，为提升生活品质而努力学习。不仅让他们懂得植物的培养与维护，也使他们懂得尊重别人的劳动，爱护自然环境。这不仅美化了社区环境，也培养了学生的环保意识、劳动观念和责任心。

（三）社区课堂资源

社区是学生了解社会情景的主要场所，依托传统诗意文化母体，建构与积极人格和谐发展相匹配的、富有民族特色、有魅力的德育实践课堂。例如，有些地方定期聘请专家开展文化类通识课程公益讲座；用中华优秀传统文化的智慧和思想解读社会主义核心价值观，通过开展周末戏苑、国学知识竞赛、古典诗词吟诵会等形式新颖、富有时代气息的传统文化活动课程，提高学生的参与度。有些地方将京剧、越剧、楚剧等传统高雅艺术送进校园，为学生体验传统文化搭建平台。同时，加强社区德育课程开发与管理，利用微博、微信、手机APP客户端等，策划优秀传统文化微话题讨论。社区课堂对学生是免费开放的，学生在那里可以听讲座、查阅资料、动手做实验、参与网络互动等。

（四）优秀人物资源

社区人物资源，既有历史人物，也有现实中的人物，其中不乏德高望重、经验丰富的人才，通过他们对亲历故事的讲述来传递对国家、党的认识与热爱。社区中榜样人物（好人）的教育作用更加具有感染力和说服力，它是体现社区成员趋近的一种思想意识、道德价值、行为意向，易为学生感知和接受。

（五）民风民俗资源

德育是建立在传统文化基础上的，不同民族有不同的语言和文化，从而决定不同的学校德育特色。即使在广大的汉族地区也呈现着"十里不同风"的地域文化多样性。从我国东、中、西部区域发展来看，各地结合当地历史、人文资源和经济发展状况，因地制宜、因势利导开展社区教育活动。

学校德育特色并不是一味地去要追求个性而忽略共性，而是在办学趋同中形成或保持自己独有的德育优势和经验。基于社区文化，打造和彰显学校德育特色是指在整个社区文化生态环境的背景下，学校和社区共建育人体系，通过对社区文化资源的利用、活动的参与以及管理的协调等措施，结合学校教育需要，创建走向校本的学校德育实践策略。挖掘社区德育资源与学校德育资源各自的优势，实现二者的整合，以需要促协同、以协同促创新，从而达到融合互补的效果。例如，青岛嘉峪关学校围绕"四个善待"开发主题实践活动课程，即善待自己，绽放精彩；善待他人，互助共赢；善待自然，永续发展；善待社会，共建和谐，使"善"的教育在学校开展得有声有色。浙江省采取"生活化+活动化"的德育课程教学模式,结合音乐、美术与传统经典文化相通之处开发特色课程，编写校本德育教材，制作音像制品及其他相关资料，同时制定评价办法，将社会主义核心价值观教育贯穿于学生综合素质发展评价之中，有效增强课程育人效果。

四、基于社区文化创建学校德育特色的实践价值

近年来，我国社区教育蓬勃发展，以提高国民思想道德素质、科学文化素质、健康素质和职业技能为宗旨，以建立健全社区教育制度为着力点，统筹发展学校与社区教育资源。学校德育坚持社区为根、特色发展，探索出具有中国特色的社区教育方式和路径。以学校与社区联动作为切入视角，促进青少年具有社会亲和力，使学校德育既服务社会，又使青少年品德培养得到社区支持。其价值表现在以下几个方面。

（一）社会价值

1. 有助于改善社会风气

社区是社会的基本单位，是社会的简缩。社区的良好风气是社会风气的一部分，大大小小的社区风气搞好了，自然会带动整个社会良好风气的建立。社区与学校通过形成教育合力来实施社会主义核心价值观教育，自觉践行道德行为规范，以社区人的改变去促进社会的变化，营造良好的社区道德氛围，从而提升社区居民的整体素质以及进行青少年社会性道德人格的培养，为构筑和谐社会打下根基。

2. 丰富社区居民生活

在社区，广泛开展公民素养、诚信教育、人文艺术、科学技术、职业技能、早期教育、运动健身、生活休闲等教育活动，以转变人们生活方式，提升居民生活品质。学校师生根据当地风俗民情、社区发展和当地居民的实际需要，通过提供场所设施和开展各种服务活动，带动社区发展。发挥学校师生在社区中的作用，组织师生走出校园，参与社区精神文明建设。这不仅为社区居民的日常生活注入新鲜"血液"，更丰富了社区居民的精神生活，提高了社区居民的幸福感和满意度。

（二）学校价值

随着城镇、乡村社区的发展，社区文化与青少年生活、学习方式的关系越来越密切。为此，需要开展社区文化资源与学校德育特色培育的研究，创新德育形式，丰富德育内容，不断提高德育工作吸引力和感染力，整体推进学校德育工作。

1. 拓宽学校德育途径

学校充分挖掘并整合社区文化资源，构建学社一体、以校为本的德育模式，通过学校与社区共同参与来培养学生公民德性，拓宽学校德育途径，克服了学校德育工作的单一渠道、脱离实际、内容狭窄等状况。

2. 丰富学校德育形式

学校与社区共建的全方位、全过程、全员育人模式，从封闭到开放、从受体到主体、从平面到立体，改变了传统的只在课堂上灌输式的道德教育，开始走出课堂，走入实践，这种与社区结合的学校德育特色，适应现代社会生活和个体生活对道德的需要，能不断提高学生是非、善恶、真假的分辨能力，也能不断提高学校德育科学化水平。

3. 推动学校特色建设

学校利用社区文化资源优势，结合本校校情来创新学校德育形式，创造出适合本学校发展的德育特色，促进学校教育自身品质发展。例如，有些地方在文化特色建设方面，学校打造"生木化"的管理文化，教师打造"做最好的自己"的教师文化，学生打造"大家不同、大家都好"的学生文化，家长委员会打造"与孩子共成长"的家长文化，后勤保障中心打造"有学生的地方就有教育"的服务文化，国际交流中心打造"中国魂、世界眼"的国际文化。

（三）个体价值

构建学、社有效衔接的德育模式，通过实景体验场来整体推进青少年道德认知、情感和行为教育。可以说，这是最直接最完整地触及人的思想情感、行为方式的教育。它既标识着个体生命存在的意义，也构筑着社会和谐发展的根基。同时，青少年道德教育与创新人才培养也是紧密结合的。

1. 引导个体逐步实现社会化

个体是不可能脱离"社区生态群落"而生存的，"社区生态群落"中的道德情境、道德活动、文化习俗等塑造着学生思想品德。学校德育与社区文化的有机融合，让社区文化的优势在学校德育特色培育体系中得到彰显。通过社区与学校间的活动，有效地促进学生德、智、体、美、劳全面发展，同时促进个体品德社会化和社会道德个体化，有利于学生品德健康成长和培养社会性道德人格。因此，社会参与是促使个体适应社会和实现个人价值的重要前提与根本保证。

2. 提升个体存在的幸福感

学校根据学生的身心特点，以活动为载体，因地制宜，开展社区德育活动。青少年在公共生活领域中表现出来的与人类共善价值相符的道德品质，是达致幸福人生的一种品质，标志着个体生命存在的真正意义。教育的使命不是改变命运，而是使人不被命运所摆布。工作虽然不是最成功，但一定是更加幸福，因为在今天这个网络时代，没有一个人看到自己是最成功的。蔡元培曾说过："教育是帮助被教育的人，给他能发展自己的能力，完成他的人格，于人类文化上能尽一分子的责任；不是把被教育的人造成一种特别器具。"

3. 增强学生社会实践能力

在开放敞亮互动的社区文化环境中，在真实体验的社区生活中，开展教育活动，这有利于培养青少年学生的道德选择和判断能力，以及增强他们参与社会的实践能力。例如，青岛市第十七中学坚持以"促进学生的多样化成长成才"为目标，探索高中学生生涯规划教育的新途径。生涯规划课程概括为：一条主线（高中生成长发展轨迹）；两大板块（学业指导，职业生涯指导）；三个层次（高一成长觉察，高二成长探索与规划，高三成长决策）；四种途径（学科渗透、信息收集、实践体验、自我反思）。学生生涯规划教育逐渐成为学校开展创新德育模式的重要途径之一。

第七章 学校、家庭与社会协同德育

第一节 学校、家庭与社会协同德育的概念与内涵

在一个人从出生到成长为社会化个体的过程中，其德行养成和品格塑造受到来自学校德育、家庭德育和社会德育三个方面的重要影响。但是，在现实生活中，对青少年的德育往往很难发挥出"1+1+1≥3"的效果，甚至反而出现成效相互抵消，乃至为负的现象，从而大大抵消了正面教育的作用。这需要通过加强学校、家庭、社会协同德育、提升德育的实效性来应对。

一、学校德育、家庭德育与社会德育的概念与关系

（一）学校德育

学校德育是指学校教育者按照国家和社会要求以及受教育者身心发展的规律和特点，将国家和社会的思想政治要求和道德规范，有目的、有计划、有组织地传递给学生，使之转化为他们的内在需要并外化为一定思想品德行为的教育活动。

（二）家庭德育

家庭德育是指父母或其他亲属按照社会的要求和个体身心发展成长的规律，有意识、有目的地在家庭中直接或间接地对青少年进行思想品德和心理健康的教育。家庭中的知识文化、道德观念、审美情趣、父母榜样、生活方式等因素，对学生良好品德和健康人格的形成和发展有着奠定基础的作用。

家庭德育作为教育整体中的有机组成部分，它的一个首要任务就是配合学校的德育计划和目标，对学生实施有意识、有目的的教育，从而使其健康地成长为全面发展的人。可见家庭德育是学校德育及社会德育的基础、助手和补充。可以说，家庭是人生的第一环境，父母是孩子的启蒙老师。亲情的纽带，使家庭教育具有学校教育、社会教育所不可代替的地位和作用。所以说教育不仅仅局限于学校里的时间

第七章 学校、家庭与社会协同德育

和空间,家庭的"德育"功能也应得到充分重视,良好的家庭德育,可以引导孩子形成正确的人生观、道德观,帮助孩子走向成功。

(三) 社会德育

社会德育是指学校和家庭以外的社会教育组织、文化机构、社会团体、企事业单位等组织利用各种资源和载体,对学生所进行的思想、政治、道德等方面的教育活动。从一定程度上说,社会德育是学校德育和家庭德育的扩展和延伸。

今天的社会,由于信息传播手段的现代化和大众化,学生接受教育的渠道日趋多样化,其学习不再仅仅局限于课堂内和书本上,而是与社会息息相关,每时每刻都在接受来自社会各个层面上的各种信息。在学生接触社会的过程中,各种形形色色的言行都会直接或间接地影响到学生,都会对他们的学习、生活、成长产生不同作用。如果缺少正确的引导,将会给学校教育、家庭教育带来影响和冲击。

学校德育、家庭德育、社会德育三者之间的辩证关系

1. 相互独立,目标一致

从学校德育、家庭德育和社会德育三者之间的关系来看,它们既相对独立又各自承担着不可替代的教育责任。学校教育主要是为了把孩子培养成德智体美全面发展的社会人而进行的共性化培育过程;家庭教育主要是为了挖掘和发现孩子的天赋潜能,培养孩子的性格、行为习惯而进行的个性化培育过程;社会教育,主要是为了培养全面发展人才为目标的综合化培育过程。

三个独立的德育系统面对的受教育者(子女、学生、社会成员三种身份)是共同的,这三个德育系统都必须为共同的服务对象一人的发展而服务,正如《教育财富蕴藏其中》一书中提到的那样,"人既是发展的第一主角,又是发展的终极目标"。也正因为如此,这三个德育系统在目标和服务对象上的统一,决定了这三个德育系统协同配合,才能形成最大合力,形成教育网络,为青少年的发展成长提供最大支持作用。

2. 作用互补

学校德育是主渠道、主阵地、主课堂。学校德育具有独特的优势,学校是国家设立的专门从事教育的机构,设有能够反映时代精神和符合未成年人年龄特征的系统教育内容,有健全的班级和团队等组织形式,还有经过专业训练和具有一定教育经验、教育水平的教师团队。学校可以对未成年人施以有目的、有计划、有组织的干预,排除和抵制来自社会或家庭的某些不利因素。学校德育具有可控制性,不仅体现为对学校内部教育活动的控制,而且可以对社会和家庭德育实行一定的调控,充分利用和发挥它们对个体成长的积极影响,尽量排除和克服消极因素的影响。从

人的成长历程看，个体成长的黄金时期主要是在各类学校度过的，因此学校对个体发展的影响是不可替代的。

家庭德育是基础。在人的社会化进程中，家庭德育对于个体来说，是最早和最初的德育，同时也是最基本的德育，是一切德育的基础、起点和源头。任何一个教育对象，在走进学校和面临社会之前已经在家庭打下了教育基础，家庭教育给予个体最重要、最基本的衣食住行的技能和知识，养成了他们最基本的生活习惯、语言和言语沟通本领，培养了他们对生活、对他人的情感以及人格等最基本品行。家庭教育是整个教育进程的关键，适时的早期家庭教育对于人的成长具有事半功倍的效果。而且，家庭教育具有亲和性、即时性、恒常性特点，这决定了它具有其他教育形式不可替代的优势。

社会德育是平台和依托。社会就是一个大"课堂"。个体在学校和家庭所学的是基础性的知识，但不是全部的知识。个体只有走向社会，在社会的大"舞台"上接触各种类型的人和事物，不断学习与成长，方可成长为一个真正的"社会人"。社会教育是一个个体社会化的实践平台。社会德育通过营造有利于个体健康成长的社会氛围，构建社会实践平台，引领青少年参加社会实践活动，同时也配合学校和家庭德育，并为之提供良好的服务。总之，社会德育所扮演的是"平台"和"依托"角色。

在学生身心和品行逐步发展的过程中，家庭、学校、社会都各自发挥着作用，应该各自发挥在德育过程中独有的优势，各有侧重，形成互补。家庭德育应该侧重于为学生提供良好的家庭学习环境，创造和谐的家庭氛围，培养良好的道德品质和生活习惯，使学生心情舒畅地投入到学习生活中，健康成长；社会德育应该通过各种活动和宣传，使学生树立远大理想和抱负，培养学生奋发向上的竞争意识，提供各种追求和选择的目标及达到目标的条件，创造成功的机会，使学生感受到人生活的意义和奋斗的乐趣。学校则应该按照教育目标和课程活动设计，为学生的全面发展打下良好基础，以人为本，因材施教，积极开展好家庭教育指导，加强对社会教育资源的挖掘，发挥在学生德行成长过程中的主导作用。

二、学校、家庭、社会协同德育

（一）理论基础

"分开责任"和"共同责任"理论。美国的乔伊斯-爱泼斯坦提出了"分开责任"和"共同责任"两个概念。爱泼斯坦认为，影响儿童发展的三个主要领域是家庭、学校和社区。它们既单独起作用，又相互影响。一方面，所谓"分开责任"，是指家长、教师和其他成人在儿童发展过程中充当着不同的角色，对儿童成长的不同方面产生影响。另一方面，所谓"共同责任"，是指家长、学校和社区在孩子教育问题上担负着共同的责任，其间应保持紧密的联系。共同责任是一种责任意识，是一种向对方利益的承诺。

布朗芬布伦纳的生态学模型。美国著名心理学家尤里·布朗芬布伦纳在《人类发展生态学》一书中详细介绍了人类发展所涉及的几个关键性的环境因素，即学校、家庭和社会等因素，并对它们之间的关系进行了深入分析，提出了"四系统观"。其中，环境层次的最里层是微观系统，指个体活动和交往的直接环境，这个环境是不断变化和发展的。第二个环境层次是中观系统，它是指各微观系统之间的联系或相互关系。第三个环境层次是外观系统。这一系统是指那些个体并未直接参与、但却对他们的发展产生影响的系统。第四个环境层次是宏观系统。宏观系统指的是存在于以上三个系统中的文化、亚文化和社会环境。在布朗芬布伦纳看来，个体在发展过程中并非是孤立的存在，而是能动地与周围的各层环境相互依赖、相互依存、相互作用。正是在这种相互联系、相互作用中，个体才从中获得了发展。

（二）基于协同论的视角

1. 从协同论的角度看学校德育

学校德育是指学生在教师的教导下，以学习活动、社会实践、日常生活、人际交往为基础，与经过选择的人类文化，特别是一定的道德观念、政治意识、处世准则、行为规范相互作用，经过自己的感受、判断、体验，从而形成道德品质、人生观和社会理想的教育。学校德育是一个相对复杂的系统。根据协同学的支配原理，学校德育系统的宏观结构由教师和学生这两个主导要素来共同决定，教师和学生通过对其他系统要素如德育内容载体、课程设置、德育评价等要素的协调，实现对整个学校德育系统的有序引导，从而实现学校德育的协同进展。

2. 从协同论的角度看家庭德育

家庭德育是指青少年的父母或其他亲属按照社会的要求和个体身心发展的规律，有意识、有目的地在家庭中直接或间接地对青少年进行思想品德和心理健康的教育。家庭德育系统一直处于有序状态，即父母（家长）作为主导要素一直支配着整个德育系统。对于不断成长的青少年来说，其本身是家庭德育系统中不断发生自我变化的系统要素，由此家庭德育系统长久以来存在着"微涨落"。让·皮亚杰在其《儿童的道德判断》中认为，儿童道德的发展受到了成人的约束，随着年龄的增长才逐渐由他律转为自律。在这种转换过程中，家庭德育起着很大的引导作用，从而实现了青少年个体道德系统的转变。

3. 从协同论的视角看社会德育

社会德育主要通过社会生活体验的感染力、社会文化生活的教育力、社会团体榜样的影响力、社会规范的控制力等对学生的道德成长发挥影响作用。社会学资料显示，要始终考虑人们在形成其意见时受到的外来的影响，这一方面是由于人类的心理素质所致，另一方面是人们对环境的自然反应。现代文明使得人类环境极其纷繁复杂，人们要适应这种环境实非易事，而且，矛盾的层出不穷使个人很难单独作出明确的答复，这就导致人们倾向于注意别人的行动和意见。最突出的例证是美国社会心理学家所罗门·E·阿希所做的实验。该实验表明，即使在一个无关紧要、无所谓的问题上，在根本不触及人们的实际个人利益的场合，多数人也同意其他众人的意见，甚至当他们知道这种意见是错误的时候，情况也是如此。在协同学意义上，这种可影响性是形成社会舆论的所有集体效应的根源，而社会的舆论导向直接引导着社会德育的方向，根据协同学理论的一般规律，不同意见之间会自动出现竞争，最终有一个会胜出而成为主流。也就是说，社会德育在宏观层面最终会通过竞争成为支配系统的主导要素，引导学生德育的发展方向。

4. 从协同论的角度看三者的协同关系

从德育协同的角度，在不同时期内，家庭、社会和学校依次起着主导要素的作用，从而支配学生的德育系统构建。作为世界上最复杂、最高级的自组织结构体，人类系统内部不断进行的自组织变化、各个时期不同的认知不断冲击着思维体系，从幼儿到成年的每一个阶段，自组织内部都是遵循无序有序的不断循环。因此，从人本身来说，在其德育系统的构建过程中，主导要素是不断变化着的。

在学前阶段，德育系统中的家庭德育起着支配系统行为的主导作用，所以，儿童德育的进程和发展主要由家庭德育来决定。儿童入学之后，系统情况产生了变化。在学校教育中，由于受到学生在校时间、教师、教学方法的影响，学校德育在各要素中起到决定作用。随着学生年龄的增长，以及个人自组织的不断发展与完善，社会德育的主导作用得到相应的放大，转变为支配系统的主导因素，从而指导学生德育的进一步发展与完善。

在这个过程中，儿童逐步从成人的监督中解放出来，从而让协作替代了约束，自律替代了他律。皮亚杰强调外界环境对儿童道德发展的作用。儿童在学习道德知识、掌握道德规范、形成道德行为和培养道德习惯等方面都受到了外界环境积极或消极的影响，儿童不断地接触、掌握和理解道德规范，不断提高道德判断能力，同样，外界环境对儿童认知能力的发展也会起到反作用，从而影响其道德判断能力的发展。因此，在三个德育系统协同的过程中，更多地应该注重学生自然规律的发展，关注阶段性重点，对于处在不同道德发展阶段的学生，相应的德育工作在内容、形式和方法上都应有所侧重。

(三) 学校、家庭与社会协同德育的必要性

理论上的应然并非现实中的实然。从理论上来说，学校、家庭与社会理应各司其职，协同一致，形成德育合力，而在现实中则面临着真实而具体的困境。

首先是家庭德育。随着现代社会竞争激烈程度的增加，家长们对于独生子女成龙成凤的心态更加迫切，择校之风、校外补习在全社会蔓延，在这种心态支配下，家长关心的是围绕孩子分数展开的事务。家庭本该侧重于孩子的学习态度、兴趣和习惯等非智力因素的培养，学校则侧重于学生知识的传授、学习方法的指导等智力因素的培养。但现实却反其道而行之，家庭把德行方面的教育放到了一边，反而更注重知识的学习，重智轻德；在教育孩子做人方面，许多家长言行不一。例如，有的家长一边给孩子讲"孔融让梨"，一边却争先恐后地挤上公交车为孩子抢座位，一边给孩子讲"助人是美德"，一边却让孩子"事不关己，高高挂起"；在志趣方面，家长总是渴望孩子成长，却对自己的孩子成什么样的才没有科学的把握，总是跟随潮流左右摇摆。在这种矛盾中，大多数孩子都变得趋利和平庸，使得家庭教育陷入了令人担忧的境地。许多教师都表示，学生的学习陷入了一个公式：5+2=0，意思是说学生在学校五天里学到的知识和道理，周末在家里待两天便抛到脑后而变成了零（家长们忙于工作或娱乐而疏于管教）。家庭德育的脱节使得整个德育体系不完整，也使我们育人的事业不完善。

其次是社会德育。社会是每个人无法脱离的生存环境，社会教育更是无时无刻不在影响着每个人。而社会上存在着很多对教育不利的因素，在我国社会转型期客观存在着许多违规和不文明的现象，在学生走出学校、自然接触社会的过程中会直接造成学生心理困惑，使其产生心理疾患。学生每天都在接受社会文化教育，影视、广播、报刊、书籍、网络等在传播优秀文化的同时，也会将一些色情、暴力等糟粕渗透给学生，造成极大的负面影响，给德行养成带来反作用。

最后是学校德育。当前有一种不好的倾向，就是家长、社会把孩子成长的希望完全寄托给学校，导致近年来学校对"教育"所承担的责任过多过重。比如，儿童和青少年存在的一切不良行为和现象，几乎都归咎于学校教育的不足和失误；学生的安全、犯罪和吸毒等问题都被说成是学校的责任，甚至是生活习惯的养成也说成是学校教育的事。事实上，这远远超出了学校教育的本质和能力的范畴，是一种夸大和泛化学校功能以及推卸责任的现象。家庭德育和社会德育没有良好的协同配合，学校德育的效果便会大打折扣。

家庭德育、学校德育及社会德育在方向性和目的性上本来是非常一致的，由于

以上所述原因，在具体实施的过程中出现了不一致。当前有学校德育功能泛化的倾向，片面夸大学校的职责，对于发挥家庭和社会德育作用的强调、重视和作为都不够。三者之间的协同度还需要进一步加强，家庭教育容易使孩子处于被动，家长将孩子看作是自己的私有财产，把自己的意愿强加给孩子，容易使孩子丧失自主性和创新性，而这些正是学校教育在努力寻求的，并且是社会所需要的。另外，学生在学校里接受的是真、善、美的教育，在家庭和社会上看到的却常常是假、丑、恶，一些家庭和社会上的不良行为和现象都会使孩子们受到消极的影响。究其根本原因，就是家庭和社会的教育意识缺乏，更缺乏科学的教育理论指导，不能和学校教育保持一致的步调。正因为如此，进一步加强学校、家庭与社会协同德育，有着其不可替代的必要性。

（四）学校、家庭与社会协同德育的内涵、特点以及结构

1. 内涵

学校、家庭和社会协同德育，通过围绕共同的育人目的和核心素养培养方向，通过加强互动与合作，形成育人网络，优化网络中的各种关系，使每个成员紧密联系，使各个德育要素和部分加强协作，构成有机联系和运作的整体。学校、家庭、社会协同德育网络是实施德育的一种多渠道、多层次、全方位的德育组织体系。具体而言，就是学校、家庭、社会各种教育力量通过有机结合，沟通互动，形成德育网络体系。在德育网络中，以德育目标、内容、活动、途径和方法等为载体，充分发挥教育者和受教育者的双主体作用，使教育者之间、教育者与受教育者之间，通过不断交流沟通，和谐互动，产生交互作用和影响，使学校、家庭、社会三方之间协调运作，互为补充，发挥德育的整体合力作用，建立目标一致的三位一体的大德育体系，形成纵横联系的德育网，促进学生思想品德的形成和发展，提高德育的实效性，最终实现德育目标。

2. 特点

系统开放性。社会是一个开放而复杂的大系统，家庭、学校、社会或社区是社会大系统的重要组成部分。面对开放的世界，在德育认识、德育活动、德育的方法途径等方面都要求德育工作具有开放性。开放的社会要求学校德育要打破围墙，走出封闭、拓展空间，要让学生回归真实的生活，体验真实的道德实践。学校要努力寻求社会和家庭的最大支持，把整个社会变成一个大课堂，让学生走向社会，在社会大课堂的熏陶下成长。只有在开放、互动、互通的环境下，才能发挥系统中每一部分各自的作用与功能。

整体协调性。德育是一个多要素、多层次的结构复杂的有机整体，处在一个动

态、开放的系统之中,当各要素之间建立起协调的互动关系,组成和谐的结构时,这个系统的功能才能最大限度地发挥,受教育者的思想道德才能得到全面和谐发展。人的品德形成和发展是诸品德要素相互协调、互动结合的结果,这就要求我们要整体考虑德育的各个要素,各部分之间的相互关系,运用多种手段使之相互配合、协调一致,最大限度地调动和协调各方面的教育力量,齐抓共管,发挥整体效益,共同对受教育者施加一致的教育影响。

主体互动性。从广义上讲,凡是有意识地形成或改善他人的思想品德的主体都是教育者,包括教师、家长、亲友和其他社会成员。在学校、家庭、社会协同德育网络中,教师、家长、社会成员都是教育者,是德育主体,学生是受教育者,也是德育的主体。充分发挥教育者主体和学生主体的积极性、能动性和创造性,彼此之间建立起相互沟通、互动联系的关系,对推动他们之间育人职能上的相互合作、人格上的平等交往、品德上的相互影响,进而形成强大德育合力将起到重要作用。

3. 结构

学校、家庭、社会对学生实施德育有各自的特点和优势,正是这种不同的特点和优势决定了三者互为联系和补充。有些德育要求在家庭和社会德育中难以实现,学校德育却很容易达到,一些学校德育较棘手的问题,通过家庭、社会德育途径的协同作用,则能较为顺利地解决。张人杰教授把学校、家庭、社会三种德育力量对不同阶段学生在德育的时间结构和空间结构中的分布和影响情况进行了比较。

在学生成长发展的基础教育阶段,尽管三种德育力量的影响分布有一定调整和变化,但总体而言,三方面的德育力量都很重要,彼此不能取代。如果加强彼此间的协同配合、互动合作,将会大大改善德育现状,提升德育有效性。

三、学校、家庭与社会协同德育的工作模式

(一)学校为本的"三方协同"工作模式

学校为本的"三方协同"模式的特点是:以学校为主体,重视发挥学校的组织、牵头、协调作用;而且,教育合作的形式和层次主要依据学校本身的特性和需要而定。具体包括:

家长参与学校教育。它意味着学校搭建多种平台鼓励家长参与学校的教育活动,包括:家长会、家长开放日/家长接待日、家校联谊会、家校联系卡、校务公开、校长热线电话、校长信箱和校务公开栏等。同时,家长还可以作为学校管理参与者、教育教学监督者、第二课堂协助者、师生行为敦促者、师生关系促进者、家校合作

协调者等。在学校校政、财政预算、学校改革措施、人事管理、学校安全、课程开发、教育科研、教学评估等重大决策、重要议题方面，鼓励家长通过家长联合会等平台向校方反映意见，并确保学校的监察程序有家长代表参与。

学校指导家庭教育。学校是专门的教育机构，有专业的教育工作者，因此学校可以承担起指导家庭教育的责任。在学校建立家长学校，可以传播家庭教育知识，实施家庭教育指导，形成教育合力，全面科学育人。学校还可以邀请教育行政部门领导、优秀教师、教育研究专家等向家长传达国家的教育方针、政策和法令，开设普及家庭教育知识的讲座或报告，传授教育学、心理学、卫生学等方面的基础知识。此时，通过发挥家长学校的平台作用，调动家长支持学校教育的积极性，同时也为家长创造横向联系、倾心交流、互帮互学的机会，这些平台对提高家庭教育水平可以起到很好的促进作用。

学校教育社会化。开放学校教育资源，充分发挥学校教育功能，把学校教育社会化与社区文明建设融合在一起，全面提升社区育人环境。同时，建立教师进社区制度，深入发掘社区教育资源，利用社区资源构建大教育体系，促使社区资源教育化。选派优秀公安干警或其他司法人员担任学校法制副校长，到学校上法制教育课；建立校外辅导员制度，选聘热心少先队和共青团工作、有经验的人士担任校外辅导员。充分发挥校外教育工作联席会议的功能，向社会拓展学校的教育空间，与校外教育机构建立经常性的联系，充分挖掘和利用物化环境所包含的教育功能，并建立社会服务、艺术活动、公益劳动、社会实践等相对稳定的系列校外教育基地，有计划地组织不同于学校开展的校外教育活动。开展媒介素养教育，提高未成年人对媒介信息的选择、理解、鉴赏、质疑、评估、创造、生产和传播等各方面的能力，从而为抵抗媒体不良信息的影响竖起坚实的"防护墙"。

（二）家庭为本的"三方协同"工作模式

家庭为本的"三结合"教育模式的特点在于，充分发挥家庭教育的基础作用，在确保家庭教育成效的同时，积极配合和参与学校教育与社会教育的开展。主要包括：家庭学业辅导。辅导孩子学习、督促孩子完成学校布置的作业是家庭教育的重要组成部分，同时也是衔接学校教育的重要平台。通过家庭学业辅导，家长不仅可以及时、充分地了解子女在校学习进展与学习成就，还可以有针对性地采取措施帮助子女固强补弱。而且，许多有条件的家庭或者工作太忙的家长还可以聘请家庭教师因材施教、有针对性地指导帮助子女，这有利于成绩一般或较差的未成年人增强学习兴趣和自信心，有利于成绩较好的未成年人进一步发掘其潜力。但是，家庭学业辅导也不是万能的。不少家长对学校教育的教学目标、课程内容、教学进展等并不完全了解，或者家长自身知识陈旧，难免会出现"瞎指挥"的问题。这就需要家长主动加强与学校的沟通交流。更重要的是，如果家庭作业、各种补习或兴趣班占据了孩子太多业余时间，会阻碍孩子涉猎更为广泛的知识领域，尤其是参加社会教育的时间被大大压缩，反而不利于其全面健康发展。

家长联合会。家长联合会是以未成年人家长为主体建立起来的社会组织，旨在通过联合家长力量推动家庭教育、学校教育和社会教育的发展。家长联合会通常组织家长学习先进家庭教育经验，或开展家庭教育培训。家长联合会对学校教育拥有知情权、参与权、监督权、问责权，可广泛深入地参与学校教学与管理活动。同时，家长联合会还可以动用多种资源，开展与道德品质教育、预防犯罪教育、安全教育、亲子教育和家庭情感教育等有关的社会公益活动，推动未成年人综合素养的发展。

（三）社会为本的"三方协同"工作模式

社会为本的"三结合"教育模式的特点在于主要依托社会平台和社会资源开展三结合教育。主要包括：

社区为本的协同模式。包括：成立未成年人教育协调组织，成立关心下一代工作委员会，建立社区教育组织网络，组织对未成年人的教育活动。多渠道、多层面地发掘社区内的各类人力资源，动员、整合这些资源，建立较为完善的社区未成年人教育队伍体系。采取"走出去、引进来"的方式，通过合并、回收、吸纳、置换、建设等多种方式搭建和利用社区教育阵地网络。积极办好社区家长学校，培育家长的现代育才理念和教子方法。积极培育社区民间组织，广泛开展各种活动，丰富未成年人的精神生活，陶冶未成年人的道德情操。坚持"堵疏"结合，优化互联网网络环境，教育引导广大未成年人自觉践行网络文明公约，正确使用互联网。

社会化家庭教育指导。包括三种形式的社会化家庭教育指导：社区对作为本社区居民的未成年人的家长进行指导；机关和企事业单位等对作为本单位职工的未成年人的家长进行指导；通过互联网、电视、广播等大众媒体对广大家长进行指导。家庭教育社会化工作格局为学校、家庭、社会教育的配合与互动提供了广阔的平台和载体。它创造了一种良好的教育环境和文化、人际氛围，弥补了学校教育、家庭教育在时间、空间和内容上的不足，有助于家庭、学校、社区乃至整个社会的精神文明建设和社会成员素质的整体提高。

校外活动教育为本的协同模式。成立青少年校外教育工作联席会议，统筹协调校外教育活动，整合各类校外场所资源，促进学校教育与校外教育的有效衔接。就校外活动场所本身而言，制定为未成年人开展活动提供便利的方案，采取流动少年宫、科普大篷车、巡回展览等方式，主动走进学校、社区，积极开展面向未成年人的教育和娱乐活动以及与学校教育、家庭教育有机结合的活动项目。

四、学校为本的"三方协同"德育工作模式的基本要素

(一)学校为本的"三方协同"德育工作模式构建目标

第一,创设协同合作的工作网络,营造学校、家庭、社会德育沟通互动的良好氛围。

在协同合作的工作网络中,要使来自学校、家庭、社会(社区)的成员做到相互尊重,平等以待,互促互进,关系融洽,既能施展各自的才能与所长,又有彼此平和对话、交流意见的空间。力求使工作平台中的各机构、各部门能够各司其职、各尽其能、密切联系、加强沟通,在愉快合作的情景中开展德育工作。

第二,调动学校、家庭、社会三方的德育资源和力量,协同一致,形成德育合力。

在协同推进德育工作的过程中,力求做到学校、家庭、社会三方以积极主动的态度加强联系,教师、家长、社会成员以极大的热情、负责任的态度投入到各项工作中,发挥各自优势,共同加强学校德育工作。力求学校、家庭、社会三种教育力量能够相互协调,协同发展,信息畅达,达成共识,共同承担育人责任。德育是一个复杂的系统工程,在德育系统中,各部分、各要素之间彼此协调、相互支持、相互促进,融汇成一个整体,才能形成合力,否则相互推卸、相互排斥,各自为政,此消彼长,势必影响德育合力的形成。

第三,发挥协同工作网络中教育者与受教育者的主体作用,激发他们的主体意识,积极参与德育活动,实现网络中各种互动关系的优化。

工作网络中,力求做到最大限度地调动广大教育者和受教育者的积极性、主动性和创造性,优化各种互动关系。无论是教育者还是受教育者都要有积极参与活动的主体意识,德育工作不仅仅是教师的事情,家长、社会成员都有育德的责任,学生也必须树立自我教育的意识,以积极主动的精神参与德育活动,独立思考,亲身实践,深刻体验。网络中的每个成员都要力争成为主人,主动增进彼此了解、沟通、交流,建立良好的互动关系,才能使教育者和受教育者的主观能动性得到最佳程度地发挥,学生的品德得到最良好地发展,个性品德社会化程度得到最有效地适应。

(二)学校为本的"三方协同"德育工作模式的组织体系和工作平台

"三方协同"德育工作模式其构建的目的是,将学校、家庭、社会各种德育力

量整合在一起，促进其互动合作形成闭环结构。在三方面互动合作的前提下，形成整体综合的教育。而为了使三者都能够充分发挥各自的教育作用，必须步调一致，相互配合，达成一致的教育共识，朝着共同的德育目标努力，形成合力，产生良好的德育效果。必须健全组织机构，建立互动联系制度，通过一定的组织体系加强对"三方协同工作网络"的整体协调，使其有序运作。同时，还必须以项目和活动设计来形成工作平台，使学校、家庭、社会三方在各个项目中合作共事，落实相关工作目标。

"三方协同"推进德育工作的组织体系应该包括学校、家庭、社会各个方面的力量，以利于协同德育的开展。

在这样一个组织结构里，以学校为主导，对学校德育、家庭德育、社会德育组建形成了各类协同德育工作机构，并设计了相应的工作项目作为协同平台，各方职责较为明确，网络架构较为完善，工作推进容易落实。

（三）学校为本的"三方协同"德育工作模式的实施保障

1. 转变观念，达成共识。

这是"三方协同"德育工作模式实施的前提。教师、家长、社会成员树立正确的互动合作观念，形成共识，齐心协力，相互支持、和谐互动，目标一致，共同对学生施加德育影响，是实现协同的重要前提。

2. 健全协同组织机构，建立联系制度，建设好协同工作机制。

这是"三方协同"德育工作模式实施的重要保障。由于协同工作网络有来自各方面的人员参与，必须建立以学校为主导，联结基层行政单位、家庭、社会各方面的力量及组成人员共同参加的协同组织机构，利用学校的优势，提高协同德育组织成员的德育水平和能力，形成各种定期联系制度。同时还必须制定各项规章制度、操作规程和具体的实施方案，建立联席会议制度、互访制度、办班培训学习制度、定期编印刊物等，多种多样的沟通方式综合地加以运用，并有效地进行管理，使组织机构正常有序地运作，并积极争取各方面的配合，以此来统一、协调各方面的教育影响，创造良好的德育氛围，使学校、家庭、社会三方面的力量和谐互动，形成有机整合的德育共同体。

第二节 学校为本的学校、家庭协同德育的实施

学校、家庭是对学生施加德育影响的两个基本要素，其终极目标都是为了促进学生的健康成长和品德发展。学校德育、家庭德育有着广泛的统一性，为学校与家

庭的互动合作奠定了基础。学校为本的学校、家庭协同德育，其协同领域和协同范围非常广泛，正如德国教育家福禄培尔指出："学校和家庭的一致，家庭生活和学生生活的一致，是这一时期完善教育的首要和不可少的条件。"

一、学校为本的学校、家庭协同德育所面对的问题

（一）德育观念不一致，家庭德育对学校德育构成一定冲击

这个问题集中体现在价值观认识方面。一些学生受父辈和社会不良因素的影响，认为成绩决定一切，家长为学生报考各种各样的补习、学习班，导致学生对待德育课的态度不够端正，对待德育方面的行为要求也就不高，学校德育教育工作也就面临困难。一些家长受我国传统"书中自有黄金屋"思想的影响，认为无论一个人的品德如何高尚，也无法帮他获得物质上的满足或摆脱现实中的困境。加之当前我国正处于社会市场经济功利主义思想严重泛滥以及重智育轻德育的观念根深蒂固，家长在教育子女的过程中目的性强，目标明确，只关心子女学习成绩的高低，对子女的思想品德和心理问题关心较少，甚至不以为然。这种带有强烈功利化取向的成才观直接影响到家庭教育内容的选择、精力投入的重点等，也严重影响到学校德育工作。还有一些家长因为自己身处经济型社会，感觉到竞争和压力越来越激烈，就把教育子女的责任推给学校，特别到中学阶段，往往误认为孩子长大，交由学校教育即可，从而放松了教育责任和应履行的义务。

（二）新媒体形式冲击和影响传统德育

在当前开展协同德育的媒介方面，很多学校和家庭已经整体落后于现在的信息时代，随着全媒体时代的到来，学校和家庭的德育地位在青少年学生成长环境中遭受到严重冲击。长久以来，学校德育借助可控媒介的单向传输形成较大的舆论优势和时空优势，在学生成长环境中居于主导地位。随着信息时代的到来，学校德育工作者有目的、有组织经营的德育环境与新媒体广泛复杂的环境交织在一起，新媒体巨大的信息资源拓宽了学生的认知渠道，学生不再轻易地接受教育者的单向灌输，并质疑教育者的权威性。虽然新媒体技术的发展为学生带来了更多方便、快捷的学习资源，但同时也带来了一些负面影响。比如：有些学生一回到家中就沉溺于网络游戏，或利用移动网络观看和下载一些不健康的图片、视频，还有学生运用网络途径来解决一些课程作业中遇到的问题等。这些现象的频频发生无论是对于学校老师的品德教育工作，还是对于家长在日常生活中的监督管教方面都带来了不小的挑战，也直接导致学校德育和家庭德育的地位在青少年学生的成长过程中受到严重冲击。

（三）学校和家庭德育协调互补不足

学校作为青少年学生德育的主阵地，普遍重视发挥课堂的主渠道作用，但是往往出于学生的学业压力和开展实践活动条件和成本的考虑，更多地局限于知识教育和教师的说教，而鲜于学生直接参与的德育实践活动的设计。尤其是学校没有充分认识到或者无力推进家庭作为学校德育重要延伸空间作用的实现，没有把家庭作为德育实践活动不可或缺的组成部分纳入学校德育实践活动的范畴之中。而家长方面，鉴于自身的知识结构和教育理念所限，忽视了家庭是孩子道德品质形成最重要的场域，自身的一言一行是对孩子道德品质形成最重要的影响因素，往往简单地把德育责任归于学校的品德课和教师的教育，没有意识到自身的不良习惯对子女的影响，也没有意识到青少年良好的道德品质和行为习惯的养成是不可能在学校一味地说教中养成。因此，开展思想品德教育最重要的两个环节要素学校和家庭各自为政，形成"孤岛"效应，两者之间协调一致、同步德育的合力难以形成。

二、学校为本的学校、家庭协同德育的内涵、着眼点和实施途径

（一）学校为本的学校、家庭协同德育的内涵

学校为本的学校、家庭协同德育是指学校与家庭以促进学生全面发展为目标，形成家长参与学校教育、学校指导家庭教育的常态化工作机制和项目平台，相互配合、互相支持地开展一系列德育教育活动。

在协同教育理念的指导下，发挥学校教育和家庭教育两大教育系统在德育教育中的自组织能力和协同效应，促使其从无序向有序转变，从而减少各自的内耗，通过在教育过程上达成同步、教育功能上实现互补、教育资源上达到共享、教育环境上完成两者之间的整合。

"合作""同步"是学校、家庭协同德育的特征。它要求学校、家庭在开展德育活动时相互交流，经常沟通，保持信息的互通，形成伙伴关系，保持学校、家庭在教育过程中理念、方法、策略同步，才能产生协调一致的教育影响，最终提高德育的整体水平和教育质量。

（二）学校为本的学校、家庭协同德育的着眼点

在教育研究人员进行大量研究的基础上，目前得到广泛认同的是基于美国家长对儿童学校教育的参与状况调查所提出的伙伴关系模式。这个模式最基本的出发点是要求教师和家长应建立平等合作的伙伴关系，在教育青少年的过程中学校、家庭

要彼此分担责任，携手合作，共同来提升教育的整体质量。

其主要着眼点是：

加强学校和家庭之间的联系沟通。

提高家长对于学校教育教学活动的参与度，增进家校的相互理解。

帮助家长改善家庭教育环境。

建立机制，使家长参与学校管理。

（三）学校为本的学校、家庭协同德育的实施途径

1．建立多方位的双向沟通平台

通过家长会、家校互访、电话联系、微信（QQ）群等方式搭建双向沟通平台，使学生在家、在校的思想、学习、生活信息及时沟通，发现问题，及时反馈，来促进孩子的健康成长与学习进步。

2．引导家长参与学校各项教育教学活动

学校组织、引导、鼓励家长参与学校组织的各项活动，家长会、个别家长见面会、校园开放日活动、亲子活动、运动会、开学和毕业典礼、节庆活动、成年礼、升旗仪式、入团入队仪式、竞赛等，组织好对家长参与活动的准备和培训。

3．学校指导家庭教育

学校通过举办家长学校、开设家长论坛、开办家教指导报刊、在开展各类教育活动时及时开展指导，从而提升家长对于家庭教育方法认识水平，提高家庭教育的科学性，并使家长掌握相关的教育学、心理学知识，能够在家庭教育中采用方法和策略。

4．家长参与学校管理与决策

学校成立校务委员吸纳家长代表参加，成立家长委员会，通过开展家长意见征询活动、家长督学活动、参与讨论学校规划等系列活动，促进家长参与学校管理、决策和课程教学活动（如对课程改革提出意见），增进家长对学校教育的认识，为学校教育教学质量提高提供支持。

三、学校为本的学校、家庭协同德育的优化实施

（一）搭建双向交流平台，实现学校、家庭深度沟通

学校与家庭之间坦率而又真诚的交流是良好互动关系的基础，学校和家庭之间可通过各种媒介和人际交流来传递信息，探寻和改进互动交流的方法，畅通互动联系的渠道。

第七章 学校、家庭与社会协同德育

1. 学校、家庭间双向交流的主要方式

利用不同的沟通工具，加强双向接触，如：通知、电话、便条、学校网站、班级QQ群等。

教师和家长面对面谈心。

召开家长会，家长学生一起领取成绩单和综合评价手册，与家长一起分享学生在品德发展和学习方面的闪光表现。

建立家校联系卡，每周或每月将学生表现联系卡送达家庭供家长评阅，并请家长反馈意见。

向家长提供有关学习计划和德育活动方面的信息。

向家长告知学校家庭合作活动的计划。

通过网站、微信公众号等新媒体公开学校有关改革计划、纪律规定、考评制度、办事指南、组织机构等方面的信息。

经常性就学生的进步表现与家长沟通，而不只是在有问题时才联系家长。

通过校本培训提高教师与家长沟通的技巧，鼓励教师重视与家长的双向沟通。

鼓励家长之间开展家庭教育互动，推动家长之间的相互交流。

开展面向全体学生的家访，必要时开展跟踪活动，向家庭介绍学校、班级、教师和孩子的情况，了解家庭的背景特点和学生的在家表现。

组织开展教师与家长、家长与家长之间的联谊活动。

2. 学校、家庭进行沟通的基本方式

（1）家长会

这是学校和家庭沟通的一种基本方式。学校通过家长会向学生家长汇报学校教育教学工作以及学生思想学习情况，同时也通过会后反馈等形式，了解家长对学校工作的意见和建议。还可以做好模范家长评选和交流工作，通过优秀家长的成功教子经验交流，畅谈家教体会，从具体的实例中引申出具有实效性的家教方法，使更多的家长受益。

学校要完善家长会制度。综合考虑家长的具体情况，定期、定点举行家长会，会前确定中心议题，家长和教师做充分准备，家长积极参与，并可提出具体的意见和建议。家长和学校居于平等的地位，学校应把家长看作是孩子教育过程中的合作伙伴。

（2）家校互访

这是一种促进学校与家庭沟通交流、密切联系的重要方式。它强调学校、家庭双方的互通互访，而不是单方面的访问。

学校教师对学生家庭的家访。通过家访可以让学校了解家长的想法和要求、学生在家的表现、与父母的关系、孩子的爱好习惯等情况，双方共同探讨教育的方法，从而提高教育质量。家访是一种非常好的家庭与学校沟通的形式，到今天仍然有不可替代的作用。现在信息时代，通信手段先进了，但是因为班级学生人数太多、居住分散等原因，也在一定程度上影响了家访工作。青少年教育专家周长根说："现在不少学校和教师，通过电话了解情况，但是这只是声音的传递，代替不了面对面的情感交流、实地踏访。"学校要确立家访制度，通过制度化的家访活动对学生进行全面了解，主动取得与家长的交流、沟通，建立一种相互了解、相互信任、相互支持的家校合作的伙伴关系。

家长对学校的访问。通过到校参加家长接待活动、参加校长接待日活动、参加子女的入队、入团、青春仪式、成人仪式以及其他重要德育活动，家长可以进一步了解学生在校表现，共同对学生存在的问题和不良行为进行分析，研究教育方法，互通信息，相互交流，促进双方达成更多的共识，加强对学生教育的针对性、一致性和协调性。许多学校在吸收新队员、新团员的大会及成人宣誓仪式或班级活动时邀请家长参加，让家长亲临现场感受子女的发展与变化，发现子女在家庭中未曾表露出来的另一面，由此倍感欣喜与自豪。学生由于父母的参与感受到了父母的关爱与激励，进一步增进了亲子间的情感交流与互动，增强了家长对学校德育工作的理解与支持，相互间的沟通与配合必然更加密切。

（3）家校联系本

家校联系本是教师和家长进行交流的良好载体，它可以增强透明度，使老师和家长充分了解孩子在校、在家的情况，可以充分地交流信息。家校联系本可以涵盖学生教育中的各种问题，家长与教师都可以根据自己的需要，选择和确定沟通的内容。它可以调动每位教师、家长、学生共同参与，并且使每位参与者在联系过程中增进了解。

（4）现代信息技术工具支持下的家校交流互动

随着现代信息技术的发展，应用现代信息技术工具，实现家长与教师的双向互动，交流的内容更丰富，形式更灵活，教师和家长能够不仅仅局限于对于孩子学习和道德行为进行沟通，还能够全方位地对于学生综合素质培养、个性发展交换意见，实现学校、教师、家长、学生之间的全方位互动沟通。

社会性软件。它是一种在使用过程中能够促进用户社会关系网络的建立与发展，促进集体协作行为和关系的形成与构建的互联网软件。在家校协同教育过程中，比较普遍应用的社会性软件主要有博客、QQ、BBS、微信．e-mail等。目前使用频度最高的是QQ和微信。

家校互联平台。家校互联平台又称"家校通"或"校讯通"，是集通信技术、互联网技术为一体的家校协同交流工具。它的主要功能是：实现家校之间的信息沟通以及查询管理；为家长和老师提供协同教育的理论、方法、策略等指导；为老师、家长和学生提供课件、教学案例、多媒体素材等优质教育教学资源，实现教育资源的互动和共建共享。

大数据支持。随着智能手机的普及和大数据时代的到来，对教育和学习进行数据化的测量和评估，对沟通进行数据化的定位，从常规管理过程中的加分与扣分情况，可以观测学生的自我规则与自我约束；从课外活动自选学生的得分情况，能够了解学生的领导能力、兴趣爱好、能力特长等。类似于极客大数据等进行教育数据的采集、整理与分析的数据服务公司开始与家庭教育、学校教育进行融合。

各科教师通过开放的平台，在任何时间、任何地点都能够与学生、家长等不同主体搭建一个沟通的平台，并实现协同教育的目标。学校教育领域之内的各个主体，借助互联网的助力，在家校协同教育的进程中，获得了相对平等的地位，而且逐渐走向多元。

（二）强化家长过程参与，优化学校整体育人环境

过程参与是指家长在客观条件允许的情况下，参与到学校的教育教学活动过程中来，获得孩子成长过程中各种教育教学情境的真实体验，从而进一步理解学校教育的要求目标，在教育观念上和学校达成共识。而学校通过为家长提供各种参与学校教育教学活动的机会，更好地展示办学成果和教育价值取向，统一学校与家庭的育人观念，这是学校、家庭协同德育能否协调一致的关键。

教师、学生、家长在三方参与的教育活动场景里，会彼此激发出新的活力，生成一个新的育人环境。家长会发现孩子不一样的一面，孩子会对家长参与活动时的言行举止起到督促和评价作用，同时将自己最好的一面展现给家长。教师在这个教育场景中既要完成计划中的教育教学活动，也要用自己的精心准备、专业表现来赢得家长的尊重和肯定。教师、学生、家长的互动，对育人环境起到了整体优化效果。

1. 促进家长参与学校教育教学活动过程的主要方式

进行对家长的兴趣、专长和时间安排的调查，对家长志愿参与学校各类教育教学活动进行沟通和合理安排。

制定学校、年级和班级家长参与教育教学活动计划，合理利用家长教育资源。

在开设拓展课程讲座、社会实践活动组织、学生行为规范管理等领域，积极发动有特长和闲暇的家长承担相应教育教学任务，并提供必要的培训。

鼓励家长参与学校组织的各项活动，家长会、个别家长见面会、学校开放日、亲子活动、运动会、开学毕业典礼、毕业典礼、节庆活动、成年礼、升旗仪式、入

团入队仪式、竞赛等，让家长有更多的参与机会。

为家长志愿者提供参与和共同开展教育教学活动所需要的资源。

2. 家长过程参与的基本载体

（1）家长开放日活动

家长开放日（学校开放日）是学校在预定时间内，有准备地请家长来校参观或参与学校教育教学活动的一种综合性活动，它可以让家长更多地了解学校概况和自己孩子在学校的表现情况，增强家长对学校的信任度。开放日活动一般包括评教评学、请家长进课堂听课、学校主题教育活动汇报及获奖作品汇报表演等。

美国西南教育发展实验室所做的一项实验报告显示："当学校、家庭和社区共同参与课堂教学时，孩子在学校的表现就更加积极，他们愿意待在学校的时间就更长，而且心情也更好。无论家庭的收入和背景如何，只要家长积极参与教学，学生就更有可能取得更好的成绩，并且在学校得到更健全地发展。"每一次家长开放日活动，让家长走进课堂、操场、礼堂、广场，参与各类学习与活动，是广大家长零距离了解学校、体验学校真实教育教学场景的重要途径。

家长开放日活动中，课堂观摩是一种比较普遍的形式。家长通过听课，一方面观察和了解自己子女在课堂上的表现，另一方面也了解和学习教师的教育教学方法。为了加强教师和家长之间的沟通和互动，在正式上课之前可以由教师向家长简要介绍教学设计、教学方法，在下课后举行一个简短的评课活动，听取家长的听课感受。

（2）协同开展基于"主题"的系列实践活动

法国教育家卢梭曾说过："真正的教育不在于口训，而在于实行。"探索家校协同德育实践模式有助于提高德育教育实效性。家校协同基于"主题"开展实践活动，其内容设计要贴近学生学习，贴近学生生活，贴近学生家庭，同时要遵循思想政治教育和家庭教育规律，结合各种纪念日、节假日所包含的特殊意义选择活动内容，如：通过爱心义卖活动，帮助贫困地区和身边生活困难的同学、朋友；清明节缅怀故人，了解家族发展，学习祭祀礼仪，纪念亲人等，采用适合青少年学生年龄特点的活动形式，从而有效地提高实践活动的效果。学校要积极引导和鼓励家长参与主题教育活动，这样不仅可以让他们了解学校德育的现状，还能更好地促进家长与子女之间的沟通与交流，提高家庭德育的有效性。通过基于"主题"的系列实践活动，增进与老师、家长、学生的情感融通，达到"知行合一"的教育目的。

（三）以品格教育为主题自主开展活动

1. 诚信

利用班会课、家长会，邀请家长到班开展"父母大讲堂"，传授"诚信"教育经验。家长以身作则，时时处处严格要求自己，做孩子的楷模。家长与孩子共同制订学习计划，陪伴孩子一起学习；家长在社会交往中讲究诚信，要求对孩子说话算数，如果确实无法实现对孩子的承诺，一定要向孩子解释原因。孩子利用周末时间和家长一起阅读"诚信"主题书籍，观看"诚信"主题影片，学唱"诚信"歌曲，共写"诚信"感言，共同创作和排演"诚信"话题情景剧。

2. 合作

开展以合作为主题的亲子展示活动或班会，整个活动由老师、父母、学生共同设计并完成。活动以合作为主题，事先进行心理游戏活动、团队合作竞赛项目、小辩论主题的设计，孩子和家长组成团队共同参与。活动结束后，学生代表和家长代表进行心得分享，给家长留下了难忘的印象。

3. 感恩

在周末或者假期，给学生布置回家为长辈做事或者尽孝的任务，感恩长辈的关爱和付出。其中包括为父母写一封感恩的信；为父母放茶、做家务等；有条件的陪父母工作一天，感受父母的辛勤劳动；陪父母看电视、聊天，当一次专注的倾听者。

4. 责任

周末或假期回家，策划开展一次家庭出游活动，由家长、学生共同负责，分别担当不同角色：学生负责计划、财务、导航、采购、场地、安全、提物等；家长做好指导工作，确保活动顺利开展。

在家校协同教育的过程中，收获最大的是全校统筹，整体推进，从上至下聚焦品格养成，在整体活动中提升了德育有效性。而家长们认为收获最大的是，通过家校协同，对青春期的孩子了解更全面、更深入，亲子关系更融洽、更和谐。

四、体会与思考

蔡元培先生曾说：家庭是人生的第一学校。家长是学生的第一任老师，也是终身的老师。由此可见，家庭和学校对学生的教育和成长都发挥着举足轻重的作用，学生核心素养的培养需要学校和家庭的德育协同。

德育协同的前提需要学校、家庭双方的沟通与尊重。学校邀请家长走进校园，走进课堂，了解学校的管理与发展趋势，了解课堂教学和学校素质教育活动。年级组采取多种形式召开家长会，一改传统家长会上，老师站在讲台上主讲，家长坐在学生座位上接受教育的模式。在硬环境上布置教室，让教室展现出家庭中的温馨，老师和家长共同坐下来，以聊天、谈心的方式互相沟通，有的老师为家长准备了茶，有的为家长准备了糖果，家长与老师之间像朋友一样互相坦诚、互相交流、互相包容。在软环境上，让学生在家长会前给家长们写了一封信，用真实的感情、语言的力量来总结自己的学习与进步,来谈自己下一步的目标和决心。家长在这样特殊的家长会上颇有感触,改变了以往那种"把孩子送到学校就是学校的事情"的思想,开始在教育上与学校保持一致,学校与家长形成了教育的合力!

一个学生的成长与改变,聚焦着家长的关注、学校的关爱和学生的努力。作为一所普通高中,我们的任务是培养学生成为具有身正、自信、平等、共生的积极公民。高中生的人生观、价值观基本形成,要改变,就要从心做起,我们从家校沟通找到工作的切入点,通过实实在在的各种教育活动形式改变家长的教育观念,让家长和学校携起手来共同关注学生核心素养的提升,共创学生美好未来。

在社会不断发展变革的今天,家庭教育本身面临着许多挑战,随着孩子的成长,家庭教育的方法策略也应不断变化,以适应孩子的成长需要,这一点几乎成为所有家长的难题。学校应依据教育规律开展家庭教育指导工作,帮助家长学习现代家庭教育知识,培养现代家庭教育意识,实施现代家庭教育方法,借助家长学校工作平台,以"家长经验交流会""家庭教育讲座"为主要形式,通过家长培训,使家长意识到优化家庭教育环境对孩子成长发展的巨大影响,帮助所有家庭建立将孩子当作学生、将家长言行当作教育示范的教育环境。

(一)开展家庭教育指导,优化家庭教育环境的主要方式

引导家长创设良好的家庭学习条件,以适应孩子在不同阶段的学习。

办好家长学校,在调查的基础上,确定家长的需求和关心的重点问题,针对性开办家长教育讲座对全体家长进行家庭教育指导培训。

通过多种媒介,如家长手册、校报、致家长的一封信、学校网站、QQ共享或短信平台等,向家长提供营养、健康、安全、学习辅导和教育政策等方面的信息。

开展特殊时期的家访或讲座,如孩子进入幼儿园、小学、初中、高中前家访,帮助家长和孩子一起顺利度过不同学段衔接阶段的适应期。

向家长推荐亲子阅读或家庭教育方面的书籍或音像资料,向家长介绍选择适合各年级学生阅读的课外书的知识,鼓励教师加强对良好亲子关系重要性的宣传。

(二)开展家庭教育指导的重要载体——家长学校

家长学校是普及家庭教育知识、提高家庭教育水平、优化家庭教育环境的有效途径,同时也是增进学校、家庭互动合作,共同提高教师、家长育人水平的重要载体。通过家长学校,向家长宣传现代教育理念,推介正确的家庭教育方法和经验,剖析家庭教育的误区及其危害,转变家长的教育观念,帮助家庭提高教育能力,使家校协调一致,产生积极的协同教育力量。随着现代信息技术的发展,目前家长学

校也可采用网上家长学校来实现。

家长学校活动应针对不同年级学生的特点和家庭教育的需要开展不同的活动。家长学校一般分为校级、年段（年级）和班级三个级别。在实践中，年段和班级的家长学校互动联系的效果较好，因为它的范围较小，针对性强，年段、班级的教师与学生家长直接接触较多，组织起来较容易，而且可以结合年段和班级工作及学生的实际进行案例分析，针对性强，家长也较乐意参加。

在学校设计家长学校活动时，应充分利用学校德育的骨干力量、校外德育教育力量（离退休干部、德育专家学者、模范人物、优秀家长等）这些有利的教育资源，有计划、有组织地采取各种形式指导家庭德育工作的开展。如：组织家长听报告、组织教师—家长座谈，举办家庭德育论坛、交流家教经验，向家长提供各种德育教育咨询等。家长学校在运作过程中要注重内容的适用性和系统性、授课的趣味性和通俗性、形式的多样性、时间安排的合理性、活动的计划性，以此来调动家长积极性，吸引家长积极参加。

五、抓好载体建设

我们在实践中不断摸索，建立了多种家长学校动静交替的运作载体。

（一）从学校层面

1. 教育讲座

家长学校针对在"成绩评价、理想选择、生活方式、交友态度"等方面学生与家长之间存在的"代沟"，以及"家庭环境、健康心理、兴趣培养、情商开发"等内容，邀请家庭教育专家授课。家长重视，听课率达95%以上。通过"家长学校"一年十次的专题讲座，不少家长努力学习当好"开明家长、务实家长、幽默家长、智慧家长"

2. 教师服务队

在家长学校，教师们与家长共叙"亲子共同成长"的心得，向家长建议"增设学习角、增强亲子沟通"等，教师们明白"指导者首先是终身学习者"。

（二）从家长层面

1. 家庭讲师团

家庭讲师队由颇具特色的先进模范的学生家庭组成，进行校际交流，抛砖引玉的目的是为了积极推进"读书学习进家庭""现代科技进家庭""文明美德进家庭""文化艺术进家庭""休闲健身进家庭""公益服务进家庭"建设。通过分享经验，起到传、帮、带的辐射作用。

2. 监督巡察制

家委会主动领衔、正确导向、积极实践，团结最广大家长，与学校形成正向合力，家委会成员担任学校"素质教育监督员"，督促巡查学校教育教学工作，组织家长参加教育教学展示活动，提出积极的建议。

在取得家长认同信赖的同时，全体教师又以自己的实际行动回赠了每个学生家庭一份承诺——新学年未开始我们的老师家在家访时与家长面对面签署了"保证孩子学习质量责任书"责任书"规定校方按照国家教育方针，全面关心在校的每位学生，使学生全面发展；同时校方明确承诺教师的"三不准"（即"不搞有偿家教、不接受馈赠、不体罚学生"和校务"三公开"（即学校各项收费项目公示、学生评优公开征询意见、教育教学活动接受公开监督）。此外，"责任书"也规定了家长每天至少花1个小时关心孩子的学习情况，经常与教师联系；规定家长必须为孩子的学习提供良好的环境。

有了"责任书"，一些家长改变了过去认为教育是学校的事的看法；有了"责任书"，教师更注重加强自身师德业务素养，责任心、事业心更强了；有了"责任书"，学校接受社会监督办学行为更主动、更具体了。这是学校在进一步贯彻实施"依法治校以德立校"内涵发展外树品牌的又一举措。家校联手，职责明确，推进了素质教育的发展，促进了学校教育教学质量的提高和教育环境的进一步优化。学校工作真正迈入了家校联手、共同推进的良性循环。

通过家庭教育实践，我们深深地体会到：通过创办家长学校，组织家长学习，引导家长参加各项教育活动，让家长们改变旧的教育观念，提高思想认识和自身素质，掌握科学教育学生的规律，有助于改进家庭教育方法，进一步强化家庭教育功能，使家庭教育与学校教育得以协同前进，是做好学校教育工作的重要前提和保障。

3. 围绕特定专题的家庭教育指导

家庭教育涉及在孩子成长过程中方方面面所遇到的问题和家长所要采取的对策、科学方法，它的内涵非常宽泛。而且，每个孩子遇到的问题和每个家庭遇到的问题都是个性化的，对学校开展家庭教育指导满足家长需求提出了挑战。事实上学校集体层面的家庭教育指导很难宽泛和零散化，在很多情况下，根据学校的特定教育目标，需要解决的重要问题来确立阶段性的专题家庭教育指导方案，围绕着某一特定专题开展针对性、集中性的家庭教育指导，因为它的指向较为集中，会对家庭教育的某一方面起到明显的促进和改善作用。

4．家长参与评价和管理的组织

（1）家长委员会

家长委员会是学校、教师与家长之间相互联系的渠道，是家庭教育与学校教育相互协同的纽带。家长委员会可以发挥家长的集体智慧，有效利用家长资源为学校的发展出谋划策，提出改进建议，反馈各种信息，促进学校的教学管理工作。家长委员会在家校协同中具有桥梁、教育、管理、助学、研究和评估等作用。

家长委员会通常可分为校级、年级、班级三个层次。组成人员由学校、年段、班级与家长协商推举（或选举）产生，被推举出来的家长委员应该有一定的组织活动和协调能力，在家长中有一定的影响力和威信，并且具备学校教育和家庭教育的基本知识。学校要为家长代表（由各级家长委员会选出）提供参与学校各种组织的机会，特别是有决策机会的组织。通过家长代表的参与，不断发挥他们的积极作用，扩大家长参与教育管理的影响力。

年级家委会：一个班的家长都是班级家委会的成员，由全班家长共同推选出1~2位家长担任年级家委会代表，年级家委会成员在涉及相关年级情况和问题方面有知情权和参与权。

学校家委会：年级家委会全体成员推选出1~2位有威信、代表性的家长担任学校家委会代表。学校家委会成员在涉及学校事务方面有知情权和参与权，他们关注着学校的发展、改革和政策，从事相关活动的组织协调工作，协调全体家长和学校的合作。

学校校务委员会：学校校务委员会是学校最重要的决策主体，也是唯一的家长真正参与决策的组织。委员会由教育行政部门领导、学校领导、教师代表、学生代表、家长代表和社区代表组成。主席由校长担任，家长代表由校级家长委员会推选。校务委员针对如下问题给予建议或做出决策：学校发展规划、学校教学改革和教学计划制定、学校课程设置开发、各项重要制度制定、重要德育活动、学校发展重要项目等。家长的参与使得学校的决策更加透明、更加民主，并达成多方认同。

（2）家长督学制

家长督学制是指让家长走进学校，依据教育法律法规对学校各项教育教学工作进行监督、检查与评价。这项机制是在家校共同利益的基础上设立的，可以进一步树立家校协同合作共赢的理念。"督学"不是为了针对学校和教师使家校成"敌对方"，而是让家长了解学校、参与学校、宣传学校、帮助学校、支持学校、提升学校，更好地促进学生的发展与成长。

第三节 学校为本的学校、社会协同德育的实施

随着社会对学校德育的关注不断提高,越来越注意向学校提供和反馈人才需求信息,学校参与社会的活动也日益增多,社会对德育的不太关心、学校封闭教育的现象正逐步改变,有力地促进了学校与社会的双向开放、彼此依赖、直接对话和相互参与,使得学校德育的视野和领域延伸到学校以外的社会范围中去,学校与社会的互动联系进一步加强。在青少年成长发展的过程中,学校德育和社会德育这两种重要的德育力量的整合和协同,对于增强德育的有效性具有重要的作用。

一、学校为本的学校、社会协同德育所面对的问题

(一)学校充分利用社会德育资源不够

随着整个社会的日益开放及学校对社会活动的广泛参与,学校不断从封闭走向开放,并不断扩大自己的社会功能,学校德育呈现出社会化的趋势,而社会对学校育人的重视关心和介入也在与日俱增。社会德育资源十分丰富,也是学校德育教育更好的拓展。但在实际操作过程中,校外德育教育资源往往得不到充分发挥和利用。影响因素有很多,主要包括:怕影响正常教学而产生的时间冲突、出于安全压力的学校主观怠惰、资源的空间分布带来的出行成本、在当前评价模式下的活动效益考量等。

(二)学校德育与社会德育的融通不够

社会德育和学校德育的关系并不像家庭德育和学校德育的关系那样密切,社会德育和学校德育本身的组织和联系是较为松散的。两者之间的融通程度,取决于学校和社会(社区)组织的教育观念和主动作为。学校发展历史悠久,在夏朝就有"库""序""校"等施教机构,发展到现代学校教育越发完善,学校有着对于自己专业地位的骄傲。因此,很多学校在对于学校德育与社会(社区)德育协同合作的重要性认识上存在着严重的不足,并没有将开放办学、主动融入社区、依托社会德育资源优化德育放到应有的地位,由此而造成:学校缺少主动融入社区的办学行为,学校主动联系社区积极性不高,缺乏与社会(社区)实质性的协同合作机制,沟通的平台较少,沟通频次较低。

(三)社会德育的开放性带来了更多的冲击

学校德育侧重于从正能量、积极向上的方面教育影响学生,而社会德育的一大特点是开放性:学生亲身经历的纷繁复杂的社会现象传递的德育信息良莠不齐,既

有许多正面信息，也有许多负面信息，需要学生进行选择和判断。同时，网络、大众传媒对青少年学生在价值选择、人生态度、品德发展方面产生着不容忽视的影响。社会德育带来的既有正能量，也有负能量。学生走出校园，接触到丰富多彩的社会，往往面临价值甄别和选择，由于年龄、心理等个体原因，学生一旦受到负面影响，就会对在学校习得的态度品德、行为规范产生较大冲击。面对这种冲击，学校德育需要更好地与社会德育协同相融，为学生提供更多的德育实践机会，在真实场景中增强学生的道德选择力和判断力。

二、学校为本的学校、社会协同德育的内涵、原则和实施途径

（一）学校为本的学校、社会协同德育的内涵

学校为本的学校、社会协同德育是指学校与社会（社区）以促进学生全面发展为目标，形成学校社区协作开放、集聚利用校外教育资源、社会力量参与学校德育的常态化工作机制和项目平台，多方协同、目标一致地开展一系列德育教育活动。

对于青少年学生来说，社会环境的丰富性、价值观的多元性，对于其确立自己的道德价值观和行为规范是易于构成困扰的。社会大系统中多种多样的复杂要素以何种方式、以何种程度介入到德育教育过程中来，必须要符合德育教育的规律。从协同教育促进增益的角度来说，社会系统内的资源要素必须是适度可控的；学生参与道德实践要以德育目标实现为参照有意创设，以确保社会系统中参与要素以建构的而不是消解的方式进入德育过程中来。所以，学校德育要聚焦学生社会实践机会的创设，激发学生自身的感悟，在社会德育力量的共同参与下，通过特定场景的实践活动来指导学生的行为，促进"知行合一"。

"开放""联动""立体"是学校、社会协同德育的特征。要实现学校、社会协同德育，就必须打破原来各自的独立、封闭状态，形成互利共赢的合作关系，就必须实现彼此间的"开放"状态；学校、社会协同德育以未成年人的健康成长为共同目标和合作基础，通过优势整合，发挥各自的长处，注重合作过程中各自的责、权、利的匹配，形成"联动"效应；学校、社会协同德育，强调打破地域、行业等壁垒，实现多种教育力量整合，在时间、空间、功能上形成"立体"网络。

它要求学校主动构建协同合作机制，积极利用社区教育资源，主动争取社会德育力量参与，建立减少负面信息干扰，从整体上优化育人环境。

（二）学校为本的学校、社会协同德育的着眼点

教育社会学家伊里奇在《非学校化社会》中指出，只有实际参与到社会上各种

有价值的学习之中,才能有利于学生的成长。学习就是参与到社会的意义背景之中的结果,通过学习的社会化,为学生提供了新的与世界联系的方式,伊里奇设想的非学校化社会的理想教育形式是普遍化的教育网络,通过社会的教育作用和教育资源的利用,实现终身学习。这和现代社会的终身教育和学习型社会建设理念不谋而合。学校、社会协同德育,是推动学生走进社会"大课堂",在社会的大文化背景下去感悟体验,去判断是非,去辨别价值,形成道德认知,丰富情感体验的重要平台,它将为学生提供更多道德实践和道德选择的机会,推进学生对自我、社会之间内在联系的整体认识和体验,谋求自我和社会的和谐发展。学校要转变观念,充分认识到学校、社会协同德育的重要性,在德育工作中充分利用社会教育资源,主动融入社区发展,与社区形成协同合作教育机制,共同优化整体育人环境。

其主要着眼点是:

建立开放合作机制,开展社区实践教育。

整合社会教育资源,丰富完善学校课程。

整合社会德育力量,介入参与学校德育。

(三)学校为本的学校、社会协同德育的实施途径

1. 建立开放合作机制,开展社区实践教育

通过学校主动向社区开放场地、设施、课程资源,为社区提供服务;通过学校社区共建合作机制为学生提供社区志愿服务、社会岗位实践的机会,开展社区实践教育。

2. 整合社会教育资源,丰富完善学校课程

以学校育人目标为本,整合与之匹配的社会教育资源,实现社会资源教育化;利用社会教育资源,开发各类综合实践活动课程,弥补学校课程在这方面的短板,使课堂向社会延伸。

3. 整合社会德育力量,介入参与学校德育

学校通过整合社会德育力量,成立学校校外教育组织机构,完善机构工作机制,形成一支校外辅导员队伍,并积极与政府、社区的教育团体、专门机构沟通联系,开展协作。

三、学校为本的学校、社会协同德育的优化实施

在学校、社会(社区)协同德育过程中,应建立学校、社区开放合作机制,共同建设整体文化环境,在相互开放合作中实现共享互利。

学校首先应主动向社区开放教育资源,例如开放体育场地、提供集会场所、开

第七章 学校、家庭与社会协同德育

放图书资源、开放特色课程等，为社区居民提供师资、硬件设施、场地和课程，丰富社区居民的文化生活，满足社区居民的精神需求。其次，社区特有的文化环境是学校环境不可替代的，社区是培养学生参与社会服务的意识与技能、开展实践活动的重要场所，同时也是学生在社会背景下进行道德实践的最佳场所。

开展社区实践教育有丰富的形式和载体；

学校可以组织学生志愿者群体开展各类社会服务活动；

学校可以与社区内各单位协作，组织学生进行社会岗位锻炼、职业生涯体验；

学校可以组织学生在社区开展社会调查、问题调研，进行探究学习；

学校可以利用社区教育资源对学生开展闲暇教育，增强德育的一致性；学校可以开展小公民道德实践活动，加强学生的自我教育能力。

教育社会化已成为形成学生完整人格的必要因素。充分挖掘社区教育资源，形成开放型的教育环境，对学生知识结构的完善，学习方法的转变都大有益处。同时，它对培养学生的健全人格、形成正确的价值观也有很大的影响。而这种益处和影响将来反过来由学校和学生作用于社区和社会，促进和推动学习型社区的建设。社区教育的过程，是一个双方互动的过程，学生在社区教育中获得健康身心发展的同时，也对社区的文明建设、学习风气形成产生了良好的影响。

第八章 提升教师德育素养的策略

提升教师德育素养是一个进阶式发展的过程，也是一个持续突破"高原期"的过程，没有"休止符"。德育素养提升途径多样，既需要制度保障和政策导向的外生动力，也需要个人的自觉努力和实践磨炼内生动力。内生动力是教师为寻求满足某种心理需求而参与的活动，外生动力是为了获取某种奖励或避免惩罚而产生的行为意向活动。从某种意义上说，只有不断提高教师德育素养和职业涵养，才能走出德育困境。

第一节 通过人格塑造来提升德育素养

道德人格既是一种重要的非权力影响力，也是教师不可缺少的一种职业人格。教师人格魅力是一种有效的德育资源，蕴含着育人价值，具有强烈的感染力和示范性，能创造出一种轻松愉快的教育情境。好教师宽严适度，既严格又有分寸；既能发现学生缺点，更能看到学生优点。可以说，一个好教师就是一所"德育学校"。

一、教师道德人格及育人价值

"人格"在拉丁文中，解释为演员等戏剧人物的面具，意指每个人在生活舞台上公开的自我。道德人格是指人格在道德方面的规定性，是个体在一定的生理心理素质的基础上，在一定的社会历史条件下，通过社会实践活动形成和发展起来的比较稳定的行为倾向和生活态度，它是由价值目标（动力和导向因素）、价值原则（准则因素）和道德责任心所构成的统一体。其评价的基本尺度是独立性、平等性、尊严性。道德人格的完善则指主体自主做出的道德决定在道德实践过程中不受任何阻碍地被实现的状态或境界。而教师道德人格是指教师作为一种特定的社会角色所表现出的道德面貌和品质，是教师在自己的职业活动中表现出来的稳定的道德理智、道德情感、道德意志和道德行为方式。其内容包括尊重理解学生，勤奋踏实，开拓进取，作风正派，有社会责任感，言行一致，自尊自信，正直公正，宽厚仁爱等互相促进的有机整体。在我国传统教育思想中，教师道德人格讲的是一种安贫乐道、

第八章　提升教师德育素养的策略

清廉守节、无私奉献的君子人格,现代教师道德人格更多地表现在专业水平、情感特征、道德情操、意志品格、职业认同感、生活态度、责任意识、价值信仰和人生阅历等方面。而教师道德人格魅力在于审美的、情感的、感染性的,是学生喜闻乐见的德育影响力,恒久弥深,对学生道德心理建构会发生整合效应。

　　道德教育从本质上讲是一种浸润学生灵魂的教育,也可以说是一种人格、生命、完整生活质量的教育。青少年学生正处于道德感受性最敏感的时期,是社会性依恋、归属情结的奠基时期。重视人格在学生道德教育中的地位与价值,并且以道德人格来表征人的德性生成,是一种极具感染性的德育式样。一方面,道德人格是师德素养的内容,是教师本体价值的标志;如《周礼》中称"师者,人之模范也",这是对教师职业道德和精神的期盼。另一方面,由于教师人格是教育活动的中介或工具,所以又具有工具价值,是德育的一种手段。一般说来,成功的教师具有温和、理解人、友好、负责、有条不紊、富于想象力和亲切热忱等人格特征。教师的人格魅力,对青少年学生道德情感发展和美好心灵的形成,具有不可忽视的作用。有感染力的教师不仅能使学生更好地接受知识,而且还会使学生无意识地接受教师人格魅力影响。优秀教师之所以被人怀念,是因为他们的美德和人格魅力,而不是他们的管理能力。

　　从实践来看,凡成功的教师,无不以人格之光照亮学生的心灵,潜移默化地影响着学生人格。无论是苏格拉底、苏霍姆林斯基、乌申斯基,还是孔子、陶行知、鲁迅,他们的人格魅力都深深地影响着学生,产生着巨大教育力量。这种人格魅力来自于崇高品格、渊博学识,正如植物有趋光性、趋水性一样,学生也具有"向师性"特征。孔子说:"其身正,不令而行;其身不正,虽令不从";韩愈说:"以身立教";乌申斯基说过:在教育中,一切都基于教师的人格,因为教育力量只有从活的人格源泉中产生出来,只有人格才能影响人格的形成和发展,只有性格才能影响性格。教师在教学、做事、活动、研究中都具有示范作用,是学生模仿和学习的榜样。苏霍姆林斯基指出:"在教育中,一切都基于教师的个性,因为教育力量仅仅来自于个性这个活的源泉,任何规章制度和纲领,任何人设置的机构,不管它设想多么巧妙,都不能取代教育事业的个性……没有教育者个人对受教育者的直接影响,就不可能有深入人性的真正教育。只有个性才能影响个性的定型和发展,只有性格才能养成性格。"再如,我国著名教育家张伯苓,相继创办南开大学、南开女中、南开小学。他十分注意对学生进行文明礼貌教育,并且身体力行,为人师表。一次,他发现有个学生手指被烟熏黄了,便严肃地劝告那个学生:烟对身体有害,要戒掉它。没想到那个学生有点不服气,俏皮地说:那您吸烟就对身体没有害处吗?张伯苓对于学生的责难,歉意地笑了笑,立即唤工友将自己所有香烟全部取来,当众销毁，还折断了自己用了多年的心爱的烟袋杆，诚恳地说：从此以后，我与诸同学共同戒烟。可见，教师的人格对学生人格的形成能起到培育、引导、感染和促进作用。人格之所以具有强大的教育影响力，是因为它有直接的示范性，即教师以自己的人格品质、行为表现等给学生树立榜样。教师无小节，处处是楷模。有人说："学生的心灵，就如长长的胶卷，教师的一言一行、一举一动，都会在上面'感光'，留下永久的印迹。"这一切都通过学生的眼睛在其心灵的底片上留下印象，这种耳濡目染、潜移默化的影响逐渐会成为学生人格品质的"基因"，学生从教师的人格中寻找可以参考的准则。教师呈现给学生的应是真实人格的一面，譬如实事求是、表里如一，这样使学生感到真实亲切，学生从中受到启迪，增强德育的可信度、吸引力和有效性。因此，增强教师在人格方面的表率、示范作用，应成为教师理想道德人格的根本指向。

教师的人格魅力对受教育者的影响无处不在，久远地萦绕在学生的心中，影响着受教育者的思想、行为，甚至是人生幸福道路的选择。它像种子一样撒播在学生心田，迟早会在学生的精神世界里绽放出灿烂和美好。一个好教师，不仅表现在对学生的教育教学效果上，也表现在严格自律和良好的自我形象上。充分发挥这一影响力的作用，对学生的德育具有重要意义。一个教师具备了良好的学品、师品、人品，也就树立了崇高的师表形象，进而成为学生敬仰、效仿的楷模，以教师人格教育学生人格。学生愿意接近有道德的教师，有道德的教师是善良、公平和正直的，对学生有较高的期望值，能够认识到教师与学生之间的职业界限并保持适当的距离，在与学生交往中，教师行为应该是道德的和尽责任与义务的。由此可见，在教育过程中，人际关系具有道德影响力，教师尊重关爱学生，德育往往容易见效。在与教师交往中，学生品德是有意无意地受到榜样感化、感召、习染、涵养而成的。健全高尚的人格所具有的魅力表现出强大的影响力、吸引力和感染力，可以使学生产生敬佩模仿心理，进而根据其期望发生自觉的改变，正像罗杰斯所说的"教师是一本会说话的教科书"。通常情况下，书上教的知识迟早可能会忘掉的，但是，教师人格可能一辈子都忘不了。

二、提升教师道德人格魅力的方法

教师人格不是与生俱来的，是教师在长期的职业生活中通过学习思考积累的道德经验，通过社会多方面的培养和造就及个人道德实践，才逐渐形成的。提升教师道德人格魅力既有内部因素如独特的个性、情感丰富性，也有外部的因素如行为举止、外表形象；既需要主观能动性（自我塑造），也需客观的条件（外在塑造）。

第八章 提升教师德育素养的策略

（一）加强学习，提高自我修养

教师学习是一个连续的过程，永无止境，包括教师专业发展与伦理精神追求，目的在于内练素质、外树形象，力求做有品位的文化人。教师在充分了解自己的基础上，确定自主发展的目标，与学校结合，与教师群体协作共生，扬优补缺，并将自身的优势和特色发挥出来。积淀才学，陶冶情操，努力提升教师的道德境界。在许多情况下，教师的修养高度决定学生发展的高度，有了教师的和谐发展，才有学生的和谐发展。道德人格的自我塑造是教师高度自觉的一种道德建构活动，需要立志持志、知行结合、躬行实践、自省自检。教师通过扩大阅读、参与教改与反思性研究、拓展人际交往，将教师伦理标准内化为教师个人化的教育哲学和德性修养，努力在发挥人格工具价值方面提高自己。教师的人格魅力来源于渊博的学识和教书育人的能力，比如主动精神、乐观心态、快乐情绪等。只有以良好的感情、崇高的道德去关爱学生，才会使学生激发学生积极向上的力量，赢得学生的尊敬与爱戴；才会使学生在情感上与教师产生共鸣，进而"亲其师，信其道"。

提高教师人格修养层次：首先，守住职业道德的底线，如遵纪守法，遵守社会公德，不做有损教师的形象和威信的事。当前，学生教师教育除专业学习、能力提高外，还应进行师德教育，体会教师职业使命感、责任感，如备课中的师德行为、课堂教学中的师德行为、学业评价中的师德行为、师生交往中的师德行为等。其次，从高处着眼，从严要求。教师必须在道德品质和情操上高于一般人，才有资格任教，只有人格高尚才能赢得学生的尊敬。教师以自身的终身学习和专业发展引领学生的发展，达到与学生共同成长的境界。不但要把教师当作职业，更要当作事业，只有把教师当作事业，这样才能乐业志业。《中庸》提倡"尊德性，道问学"，讲的就是人格修养与学识修养的关系。尊德性，向内省察，发掘人内在的天性，进而达到对外部世界的体认；道问学，向外求知，通过向外求知，以达到人的内在本性的发扬。求学与做人，贵能齐头并进，更贵能融通合一。再次，只有不断学习，才能做一个有思想的教师。教师与其他职业的最大不同在于，教师只有先成为一名思想者，才能真正超越琐碎的工作，而将站讲台批作业提升为一生的事业。一个有思想的教师，就是对教育教学有认识、有独创见解并能自成体系的教师。一个善于思考的人就是一个充满智慧的人。夸美纽斯说："如果要造就一个人，就必须由教育去完成。只有通过恰当的教育，人才能成为一个人。"荀子主张"学不可以已"，人需要规范方能成君子，这是"教使之然"。"君子博学而日参省乎己，则知明而行无过也。"学者要学礼以正身，"师者，所以正礼也"，故学也者，礼法也；夫师以身为正仪，而贵自安者也。做人的基础在于求学，求学之最高旨趣在于做人。全国模范班主任任小艾说：教育成功是与教师自身素质有直接联系的，对学生成长规律的研究，对现实社会发展的关注，对影响学生未来的诸多因素，教师都要有一定的把握。其中，最关键的是对学生爱的投入，对学生成长细节的观察，对有效应对问题以及防范问题的思考。

（二）力戒浮躁，保持健康心态

教师作为一个生命个体，他的性格、气质、修养、言行、举止、善良、真诚、宽容与正直，这些既表现为一个社会的行为规范和标准，也表征着他的人格特征，不仅影响教师的德育风格、德育艺术、德育特质，而且关系着能否说服学生、能否打通通向心灵的通道、能否有效地调动和组织各种德育因素。课室是传授真理的地方，是育人的场所，站在课堂上的教师应当负有责任心，应当具有培养接班人的使命感。育人高于一切，责任重于泰山。无论遇到什么情况，教师都不应把个人的不良情绪、恩怨带到课堂中来，否则，会对一些学生产生负面影响。引起教师心理障碍或疾病的因素是存在于教师内心的各种矛盾和冲突，其中，教师理想与现实之间的不一致，是产生烦恼的重要原因。只要教师的心理健康水平提高了，学生的许多心理障碍就会在教师的感染下消融和缓解。可见，教师心理健康水平影响教师的人格健全。所谓人格健全，就是指人格中的各种因素在一定社会历史条件下得到健康、全面、和谐的发展，表现为对现实的把握和适应性、对美好道德生活的追求、具有丰富的情感世界。研究表明：心理问题与教师人格特征中挫折忍受力、责任心呈显著的负相关，与焦虑水平呈显著的正相关，心理问题的存在会降低教师对遭遇挫折的忍受力和拥有的责任心，增加教师的焦虑症状。有学者运用田纳西自我概念量表和SCL-90症状自评量表对我国小学教师的自我概念与心理健康状况进行相关研究发现，小学教师的身体自我与抑郁、社会自我与人际敏感和抑郁有高度相关，并且自我概念越积极，心理健康状况越好。道德人格发展的核心是积极心理人格建设。自我意识在教师人格结构中处于核心地位，支配和调节着教师的行为。因此，力戒浮躁心态，保持健康心理，有利于促进积极人格发展。教师不仅是有文化的人，而且应该是睿智的人，具有亲和力，使学生见到老师，就乐意向老师敞开心扉，愿意与老师做知心朋友。为此，教师应努力调整好自己的心态，诸如认同感、成就感、幸福感，做一个有激情的教师，只有保持良好心态，才能克服职业倦怠。激情源于对事业、对学生的热爱。教师要用激情去唤醒、感染学生，这是成功进行教育教学的前提条件。很多教师不能成功是因为对教育没有激情。需说明的是，教师人格发展除了外部环境保障和有效评价机制外，对于来自管理者、同侪以及学生的关怀与尊重，教师要对这些关怀与尊重具有敏感性和感谢心。

(三) 实践磨炼，做到知行统一

教师道德行为是指教师个体内在的道德品质在教育活动中经过外化形成的一种行为活动和习惯，是职业道德水准的具体表现。它是内在价值与外在价值的统一体，也是知行的统一体。教师工作是对"人"的教育，而不是对"物"的改造，即是一种用身心去育人的伦理要求，而不是单纯的技能要求。伦理性更是教师专业的"灵魂"，譬如，德育素养是教师专业化发展过程中"人格化"的根本要求。教师人格魅力表现在教育方式、学术修养、职业态度、道德情感等方面，提升教师人格魅力，知识学习是必要的，更重要的是道德实践。道德的学习需要教师不断省思，自主自为，在实践中提炼德育智慧。例如，在师生交往实践中，教师应帮助学生明辨是非、美丑、善恶，这是教师的基本社会职责；对学生而言，在交往中育德是一种亲验的学习过程，教师一言一行都会映入学生心田。教师对学生尊重和关怀是实现学生幸福成长的重要源泉，这需要发挥情感在道德教育中的作用，增强交往互动性和吸引力。一般说来，不能想象他人的内心世界，就无法拥有真正的道德。教师要对学生有亲近感，能走进学生心灵世界，洞察细微的变化，与学生坦诚相待，通过尊师爱生、民主平等、心理相融的关系，增强学生的自尊心和自信心，培养他们主动适应各种变化、挑战、竞争、挫折和失败，以乐观向上的态度对待学习、面对人生，从而形成健康的人格。因此，一个有人格魅力的教师，一定是关爱学生、尊重学生的。例如，某学校进行考试，当老师发完试卷后，发现有一个同学试卷不清楚，就对旁边同学说："同学，能借用你的试卷吗？这位同学的试卷不清楚。"在征得这位同学同意后，她才取走试卷，一会儿，她把试卷又轻轻放回同学桌上，说："谢谢你，同学。"老师的这一做法，看似简单平凡，却使这位同学感到特别的温暖，真实地感受到教师对他的尊重和关爱。

(四) 打造文化，引领教师发展

教师在专业化发展中的专业精神需要文化引领，文化起着育德的功能，潜移默化地影响教师的思想观念、价值取向、行为方式和职业态度，诸如公正、友爱、诚信、进取、尊重等。通过文化引领，教师才能怀有社会理想、提升道德素养、具有职业能力、在课堂教学中有所作为，这就是教师美丽人生的意义所在。教师人生意义是指教师职业活动对教师个人生命存在及其活动合理性的肯定，是教师职业劳动乐趣的源泉和自我发展可能性的根据。所以，人生意义的确认是教师劳动乐趣和自我发展动力。文化改变着教师价值追求和生活方式。教师在教学育人实践中生成了教师自身，同时也创造了一个属于自己职业的文化世界。教师教学往往是一种继承、选择和创造文化的活动，其专业发展是"文化世界"和"文化人"的融合，教师的文化劳作决定了教师的文化本性，这是教师群体文化得以生存、延续、提升的根基。所以，钱穆先生说：教育此群体，主持其风俗，以启导人心之向往，则非大德高贤能胜任。教师群体中的优秀文化能够提升德育素养，陶冶教育气质，使有效的教学成为可能，从而把学校变成一个道德学习共同体和共生道德教育的精神家园。教师群体文化是教师在职业生活和教育活动中形成和发展起来的展现互相关系和彼此联系的一种价值观念和行为方式，如语言、态度、信念、角色认同、价值观和生活方式等。通过优秀教师文化的学习，培养现代教师的教育信念和精神品质；其中，教育信念是很重要的，"教育信念是一种文化和习惯，是积淀于教师心智结构中的价值观念，它常作为一种无意识的经验假设支配着教师的教育行为"。

群体文化是教师成长的一种"生态性"情境，教师专业成长往往要依附这种群体文化中的模仿和实践感悟。自孔子到陶行知，在我国长期的教育实践中，积累了深厚的有关教师文化的底蕴，其中"爱"与"责任"是贯穿教师群体文化的核心和灵魂。教师文化彰显着一种教育情怀，如热忱、仁爱、恭敬和坚持，这种教育情怀就是爱学生、爱教育。从德育素养角度看，教师作为人类社会知识的传播者，作为人类灵魂的工程师，作为学生的榜样和楷模，必须具有高尚的品格——公正、善良、正直、热情、关怀等。教师在讲台上体现的就是这种德育素养。基于德育专业成长的需要，学校要打造教师文化，增强教师发展的有效措施和实践策略。教师对教育事业的认同以及在此基础上形成相应的情感和行动是受职业文化影响的，为此，应关注教师群体文化现状，充分认识文化在教师职业行为中的影响，用我国传统教师文化资源来促进德育素养的发展。同时，应结合现代学生成长的特点，不断进行教师文化创新性研究，提升教师文化品位和学术修养。这样看来，守护本土教师文化的根基，就是保护教师文化的生命力，正如我们保护大树不是保护木材，而是保护其生命力一样。健康向上的教师文化是教师专业发展的关键，它不仅根植我国传统教师文化中的积极因素，而且借鉴外域教师文化的合理内核，丰富新时代教师文化内涵，从而促进教师文化自觉意识和行为。文化自觉是指生活在一定文化圈子里的人对其文化有自知之明，并对其发展历程和未来有充分的认识。所以，引领教师文化需要确立终身学习的理念，积淀才学，陶冶情操，做到学习、研究、实践三位一体，并与教师群体协作共生，扬优补缺，将自身的优势和特色发挥出来。特别是，营造"情感型"的文化场域，"情感型"的文化场域能够调动教师专业发展的内驱力，使教师成为具有"专业理想""专业情意""专业自我"整体发展的"专业人"。学校管理者必须立足教师的文化生命样态，尊重理解教师，塑造与学校教育相一致的教师文化形象，强化教师的"文化人"角色意识。作为社会中的人，教师往往在扮演一定社会的角色；作为学校中的人，教师扮演着教育者的角色，教师行为往往自觉不自觉地受这些角色意识的影响和支配。

第二节 通过课堂教学来提升德育素养

课堂应是师生共生共长的家园，教师在课堂上与学生互动、对话和交流，自然经历一个自我学习的过程。课堂的精彩在于创新，而创新的根基在于学生，只有秉承"育人为本"的理念，才能真正创新充满"智慧"的有效课堂。一般地说，教师课堂教学中的行为大致可分为技术行为和道德行为，技术行为侧重于教学活动操作方式、程序等，是对物的关系，如多媒体运用；而道德行为侧重于教学活动对学生的意义和影响，是对人的关系，如师生和谐交往。

一、课堂中师德行为缺位的困惑

课堂教学活动及其师生交往充满着道德性，具有一种内在的道德价值的引领，是课堂育人价值的关键所在，既制约着学生的道德学习，也是学生喜闻乐见的习德形式。目前，我国课堂中教师专业道德行为总体上是好的、积极的、令人满意的，多数教师辛勤耕耘，坚守岗位，默默劳作，精心育人，甚至在艰苦条件下，在一方讲台上献出自己的青春。这种职业行为和敬业精神赢得了广大学生和家长的认可。但是，专业道德行为弱化或缺位现象依然存在，由于育人过程的复杂性和隐蔽性，加之，受多元文化诱发的种种观念对教师人生观、价值观的影响，有的人易产生心态浮躁，道德勇气不足，也有少数教师专业化水平不高，育人意识不强，没有把更多精力投入到教学中，不公正对待学生，不尊重家长。新任教师虽有教育激情但易情绪化。此外，部分教师校外兼职兼课，一定程度上影响了正常的学校教学秩序。在应知、应会、应试的课堂教学驱使下，课堂知性教学缺少善与美，偏离教育的本真意义。例如，有媒体报道：某一学校一位学生，在上课孤独郁闷中挖穿教室墙壁，把教室后墙挖出了一个洞，这可不是一般的洞，墙是很厚的，从这个教室挖到那个教室。该班班主任和很多老师都在议论，真是又好气又好笑，最好让他坐窗边，无聊的时候可以看看窗外，不会影响其他人。这则例子至少说明有些课堂上是缺少道德教育的。因此，课堂教学应回到育人的原地，复归教学中的教育性，这是需要教师不断省思和探究的问题。

师德行为弱化或缺位问题，究其原因来说，首先，教师主观上存在认知偏差。由于育人过程的复杂性和隐蔽性，教师思想存在着避难就易倾向，即重教轻育或教而不育，在职业道德遵守的程度上只停留在表层，并未掌握其深刻内涵，进而转化为自觉行为。加之，受市场经济诱发的种种观念对教师人生观、价值观的影响，易产生金钱至上、物欲主义思想。其次，教师职业倦怠。当前"低效课堂"最大问题就是教师职业倦怠，表现为成就感和从教激情消失，"桃李满天下"的希冀淡漠，不求有功但求无过，按部就班不思进取。教师职业倦怠主要来自学生升学期待、家长期望、学校考评、专业研修等辛苦忙碌。如果课堂缺少生命的灵气和活力，成为学生知识"学技"场，而不是培育精神的"家园"，就会导致课堂教学中道德性失落。某种程度上，课堂教学偏离教育本真意义，隐退为一种在工具理性操作下的功利主义教育。如某一老师上课咬文嚼字，为提高应试成绩，把课文肢解成若干知识点，缺少精神和活力，学生叫苦连天。再如某学校一个学生因迷恋上网已逃学两天。班主任老师了解实情后，利用自己上课的时间，罚他站在讲台边。但该学生站在那里并不老实，故意伸出舌头，左右摇晃脑袋，逗得下面的同学忍不住笑出声来。老师见状很是气愤，上前推了他一把，导致学生摔倒在地，右手腕关节处骨折移位，花去医疗费数千元，还不得不休学一年。再次，师德考核难测评。从某种意义上说，师德是教师职业操守的象征，发自于内心，通常所说的"良心活"，是一种精神层面的考量，是无法量化的。然而，为了保证有师德行为，各地不得不制定一些考核办法，如某地区师德考核细化到10项指标，包括"体罚、变相体罚学生，收受家长礼品，有偿家教，出现教学事故"等。采取外部评价（他人评价）的方法，实际测评结果可能事与愿违，因为外在要求可能没有转化为自觉行为。师德考核虚化、软化导致教师修养的实践之困。加之，由于制度不完善，对教师的育人职责缺少刚性要求，对教师的育德素养缺少有效评价，一些学校教师常常忽略与学生建立和谐的师生关系。

二、课堂教学中教师德育素养的表现

（一）以知育人

教师在传授知识的同时，依据学生的心理、思想特点，积极挖掘教材中的德育因素，对学生进行适时的品德教育，使学生在增长知识的同时，提高道德和心理素质。苏格拉底把劝人为善作为教育目的，提出"美德是知识"，获得知识就是做人的德性。知识是美德，即是说，部分知识本身就是道德知识，部分知识是可引发人们对道德的理解和践行的知识。教师可以将学生品德发展融入课堂知识教学过程之中，做到知识学习与品德生成互相融通、共同生长，力求做到以知育德。实际上，在知识学习中生成德性，还有助于道德智慧的形成，从而帮助学生处理好现实中道德"两难"困惑的行为能力。因此，教师要挖掘教学内容中道德成分，并且联系社

第八章 提升教师德育素养的策略

会生活和学生品德心理特点，通过课程设计和教学环节组织来潜移默化地影响学生，使教学过程不仅是传授知识与技能的过程，同时也是实施德育的过程。苏霍姆林斯基说："学生对知识兴趣的第一个源泉，就在于教师对上课时要讲的教材和要分析的事实所抱的态度。"可见，学校的教学，不是毫无热情地把知识从一个头脑里装进另一个头脑里，而是师生之间每时每刻都在进行心灵的接触。通过教学，教师不仅要使学生获得本学科的知识和能力，而且要使他们得到精神满足和享受，真正做到知识学习与品德生成的融合。任何课程目标都是知识技能、过程体验、情感态度价值观教育融合的整体。教师要引领学生在掌握知识技能的同时，将学生的道德发展融入教学过程之中，让学生体验知识学习的意义和应用价值，并在此基础上，不断完善其人格。例如，全国模范教师——叶德元认为：历史课不是填空题、选择题，而是带领学生进行实践考察、体验，与学生打成一片，学习鲜活知识，成为快乐课堂。任何知识都是关涉文化、生活、生命的，有人说，文学存在于人们的生命当中，在这个意义上说，文学教育不是灌输文学知识，不是简单的外在输入，而是内在的启发，让内存于生命的文学发挥出来、显现出来，让人们的内心打开，使内心具有自觉，保持一种对美的敏感、对善的敏感。例如李白、杜甫、白居易的诗被人们一再传诵，莎士比亚、雨果、托尔斯泰的作品依然为人们喜爱，原因在于这些文学传达了人类共同的体验。那么，如何做到以知育人呢？这就要让知识回到生活，让生活切近生命，让生命永远诗意，让诗意与知识从生命内部自然生长。脱离人类精神性品质的传承，只是传授实用性知识，这样的教育就是把人引向与万物之灵相反的方向，使之成为万物中平庸的一员，至多是生存技能高超的一个动物罢了，因而不称作教育，只称作谋生训练。真正的教育理应使人在知识面前保持头脑的自由，在功利世界面前保持心灵的丰富，在物质力量面前保持灵魂的高贵。

（二）以境育人

情境教育是根据马克思主义关于人在能动的活动与环境相互作用中得到全面发展的原理来构建的。情境教育的"情境"，是一种有情之境，是一种非自然状态下的、人为优化的情境，是一种有情有趣、充满着美感和智慧的情境，是师生互动的一个广阔的空间。儿童的生活空间是他们的成长环境，每一个儿童都是在一个十分具体的环境中成长起来的，环境与儿童构成了一个静态和动态、物质和精神交织在一起的生长环境。这个环境对儿童的影响是不知不觉的，然而却是极其深远的。人的道德是情境性，道德情境能够滋养道德品质和行为。课堂中的道德情境主要包括教室环境布置、心理氛围、校规班约、人际关系、舆论导向、学习风气等。课堂情境的设计，体现了教师的教育理念。教师要潜心设计有助于建构社会和个体德性的一种课堂情境，让学生在情境中习德，其"境教"效果犹如"春风潜入夜、润物细无声"。课堂情境是一种暗示性教育，具有激情、明理、启智、导行、悟德等功能，学生个体在暗示状态

下往往表现出一些接近本能的行为，天赋潜能得以自然流露，教育影响就能抵达心灵幽微的深处。教育者、受教育者与环境便可以形成和谐的育人关系。除此之外，教师还要积极创设道德问题情境，通过角色扮演和情感体验，鼓励学生去大胆探索和思考。发挥环境育人的良好功效，让学生在课堂环境中学习道德。教师要营造民主合作的课堂气氛和环境，使猜疑、胆怯、敌意和忧虑在课堂生活中销声匿迹，减轻心理压力，让学生在广阔而自由的空间放飞思想，砥砺意志。

（三）以言育人

言语道德是教师的一种德育素养，教师通过语言的魅力来体现育人价值。为此，教师应注意文明用语，多给学生赏识、赞扬的话语，避免语言暴力和粗鲁。首先，教师要力求做到诚信，常言道：人无信而不立，言必信、行必果，如果教师对学生说的话或做出的承诺，常不兑现，就会导致学生对教师诚信的怀疑，进而也产生不诚信的行为。例如，一个实验把儿童分成三组，无榜样强化组，即当儿童作出判断比初测时稍有进步就给予表扬、激励和积极强化；榜样强化组，当儿童在评价一个故事时，由成人做榜样并给予儿童以表扬或强化；榜样未强化组，不给儿童以表扬或强化。实验表明，二、三组道德判断水平的迅速提高是由于成人的榜样发生了有力影响。其次，教师要经常赏识学生，注重语言修养，善用语言艺术，增强育人效果。例如，"南风效应"或"皮格马利翁效应"都说明了赞赏或期待会产生的积极意义；相反，有些教师课堂教学中常用批评语言，但批评的艺术性不够，影响教育效果，教师不文明的话语会伤害学生自尊心，特别是性格内向生、后进生、学困生。与此同时，教师要学会倾听，给学生一定的话语权。多一份关怀，少一些责备。教师的倾听能准确地了解学生真实的状态和内心需要，从而引导他们积极思考，培养自爱自信等品质。学生喜欢有幽默感的教师，不喜欢表情呆板、语言寡淡无味的教师。忌用不文明的话语挖苦嘲讽学生。还值得注意的是，有些教师因"恨铁不成钢"而指责学生，这种指责性的"爱心"往往会产生隔阂和消极的情绪。

（四）以情育人

我国教育有一种偏向，就是过分注重智商培养，而忽视情商、德商培养。苦口婆心的说教导致学生情感缺失，实属一种非道德教育，当然，非道德教育不等于不道德教育。简单地说，情商就是一种交流合作能力。培养学生的社会责任感是培养

团队意识的根本途径。如果教师没有团队意识，而要求学生具有团队意识，这就无异于缘木求鱼。例如，现实中各学科教师争着多留作业，从学生身上抢时间，这不仅不利于学生智力的发展，也为学生的情商发展树立了反面典型。因此，教师的团队意识是培养学生情商的关键，以教师情感培养学生情感，补齐情商教育的短板。教师在教学中要发挥情感对人的行为所产生的调节作用，使课堂教学成为令学生向往的一种精神愉快的活动。情感能打动学生的心灵世界，拉近教师与学生的距离。美国教育家内尔·诺丁斯提出"关怀道德教育理论"，重视学生情感体验和感受，认为关怀是人的基本需要，这种需要应得到理解、接纳、尊重和认同，师生主体间的关怀是幸福感的源泉，学生应该享受这种真情实意的"道德关怀"。教师的情感表现为对人生和社会的理解和责任，以师爱或师情让学生感受到这种"关怀"的意涵，达到以情育情、以情养性、以情育人的目的。如果在教师的讲课里没有真正、由衷的情感，如果他掌握教材的程度只能供学生体验他所知道的那一点东西，那么学生心灵对于知识的感触就是迟钝的，而在心灵没有参与到精神生活里去的地方，也就没有信念。朱自清曾在《春晖》期刊上发表《教育的信仰》一文。他在文章中谈道，教育界中人，无论是办学校的、做校长的、当教师的，都应当把教育当作是目的，而不应该把它当作手段。如果把教育当作手段，其目的不外乎名和利。其结果不仅不利于学生的成长，而且还会"两败俱伤，一塌糊涂"。那么，教育的目的是什么呢？他认为，"教育有改善人心的使命"。如果学校太"重视学业，忽略了做人"，学校就成了"学店"，教育就成了"跛的教育"，而跛的教育是不能行远的，正如跛的人不能行远一样。教师除知识教学以外，应关注学生心灵世界和生命意义，增加师生真情交流的机会。

（五）以行育人

教师的行为举止往往是学生模仿的对象，对学生影响很大。课堂中教师的专业道德行为是对学生最生动、最具体、最深远的教育。学者要学礼以正身，在《荀子·修身篇第二》中写道："师者，所以正礼也""故学也者，礼法也；夫师以身为正仪，而贵自安者也"。俗话说："喊破嗓子不如做出样子。"例如，在《资治通鉴》中，有这样一个典故：辽国宰相张俭，为了矫正当时人们崇尚奢靡的时弊，他一件长袍穿了达30年之久，以生活俭朴、不食重味、只穿粗布衣服的实际行动来劝诫不良的奢靡习俗。司马光称赞张俭："服袍不易，志敦薄速，功著两朝，世称贤相。"英国伦敦威斯敏斯特教堂里有一段话：当我年轻的时候，风华正茂，想象丰富，梦想改变世界；及至长大成人，日臻成熟，才发觉世界难以改变，于是，我缩短目光，决定只是改变我的国家，却依然很难；当我步入垂暮之年，最后的努力只是想改变一下我的家人，但遭反对。如今，我行将就木，突然意识到：倘若当初我从改变自己开始，进而以此为榜样影响我的家人，或可在他们的激发与鼓励下为国尽责，甚至最终可以改变世界。这则例子说明要改变他人、社会，必须从自我做起、从小事做起。所以，教师理应以身作则，身体力行，为学生做出榜样。

三、在课堂中提升教师德育素养的策略

教师的德育素养与日常教学行为是密切关联的，也就是说，教师的德育智慧和德育能力是在课堂中展开的，是与教学水平的提高共生共融、相携并进的。教师只有在具体的教学情景中、在与学生的交往中、在与同侪的互助中，才能滋养诸如关怀、合作、尊重、秩序、敬畏、自信、责任、公正、宽容等道德品质及其育德能力。

（一）增强学科中的德育资源意识

现代教学观认为，教师不仅要关注学生知识和技能学习，还要关注学生道德情感体验和行为形成。课程目标中的态度情感价值观教育，要求教师在知识传授中对学生进行爱国主义、社会责任感、民主法制、人生观、世界观、价值观等教育。教学中的德育着眼点是学生，着力点为教师，切入点在课堂。可以说，教学首先是一种道德和伦理性的专业活动，在教学中，教师的专业道德将促进学生的道德学习和健康成长，如班华教授认为"让教学成为一种道德事业"和叶澜教授认为"重建课堂教学价值观、让课堂焕发生命活力"。反观某些课堂中的德育现状，由于受单面的应试本位教学观、知识本位课堂观、分数本位评价观的影响，课堂中存在知识讲解与道德教育的分离现象，部分教师对学科蕴含的德育资源意识不强，利用知识魅力来塑造学生心灵世界不够细致，致使课堂中道德教育缺失。因此，教师要用生动的教学设计和新颖的创意来激活学生的道德想象力、理解力和表现力，发挥认知和情感的协调作用。事实上，学生对道德知识了解，往往是知而不行、知易行难、知行脱节。那么，对于价值观和行为规范的教育，如何让学生听得懂、愿意听、记得住、能用上，这恰恰需要提升教师的德育素养。在教学过程中，教师角色不单是知识传授者，而且是道德引路人、心理疏导者、交往艺术家等。挖掘和利用学科课程中的德育资源，需要由专业老师用较好方式来完成。具体地说，逻辑特征明显的学科，如数学、物理、化学等，教师主要教会学生求真务实的科学精神；逻辑特征不明显的学科，如语文、历史、音乐等，教师主要奠定学生积极进取的人文素养，从而达到科学精神和人文素养的辩证统一。艺术课程要体现艺中有德、艺中有人、艺中有文。此外，因为教师的专业发展离不开知识的积累，所以一定要不断阅读、不断学习、不断反思。在某种意义上，学习就是为了自己成长、体验价值、超越梦想。

（二）塑造课堂德育生态的情境

课堂中，教师应体现学生的主体，回应学生的需求，关注学生的感受，激发学生的学习兴趣，重视学生的思维发展，培养学生合作精神、探究能力、科学精神、创新意识等等。由课程改革转向课堂改革，教育应当打造生命、生活、游戏的课堂，交流、对话、快乐的课堂，思想、学习、主动的课堂，体验、潜能、发现的课堂。教师在教学中自然流露的激情、广博的知识和精湛的授课技巧能潜移默化地感染学生，形成师生之间理智与情感的交融，激发学生对科学探索的兴趣。这种情感的互动能激发学生的潜能和创造力，从而促进其学业持久长进。教师应从每一个教学环节入手，在细节上下功夫，使课堂教学成为培养学生人格的活动，做到育人于"无痕"之处，追求课堂道德生活的"原生态"，而不是表演式作秀。因此，应立足常态、关注课堂。首先，教师既要教好书，更要育好人。教师不是教学机器，而是有血有肉、具有个性特点的道德主体，教师课堂中的德育素养，包括教师在教学中的德育知识、智慧和能力，这是解决困扰学生德育难题的关键。其次，营造良好的课堂生态文化，为学生提供道德的学习氛围，从中让学生获得情感、态度以及社会化等方面的发展。再次，德育情景审美化，道德学习是在欣赏中完成的，在欣赏中完成价值选择和践行能力的培养。在课堂教学中，教师要注重采取形象化手段来增强道德学习材料吸引力和可接受性，使一度遗失和遮蔽的"学本课堂""诗意德育"得到凸显。教师应凭借德育知识魅力，采取多种手段，实践德育方略，真正体现课堂教学中的道德光辉。

（三）培养教师专业精神

人无精神则不立，毛泽东有句名言："人总是要有一点精神的。"因为人有了精神，就有追求，就不会被尘世间的浮云遮蔽双眼，迷失人生方向。精神又是人生的支柱，人有精神，就等于有了"脊梁骨"，在各种诱惑面前就能自律自省。如果失去精神或骨气的人，人性就容易被扭曲和异化。一个国家的精神叫国魂，一支军队的精神是军魂；那么，教师的职业精神就是师魂。在传统职业精神基础上，人们提出了专业精神的概念。职业强调敬业，不敬业就失业；专业强调事业，有事业才能乐业，乐业才有幸福感；而志业强调立志终身从事某项职业，不断培养自我成就感、自我满足感、自我实现感，从而使爱岗敬业成为一种内在的自觉要求。德育素养和专业化不仅需要培养职业、专业精神，更需要培养志业精神。只有着力培养教师的志业精神，才能不断提升从业幸福感、成就感，才会充满激情、饱含热情地实现教育目标和完成教学任务。教师有了精神的追求，就可以钟爱自己的事业，全身心地投入到教学中来。大家知道，为师之道需要道德提醒，良心自觉，热情做人，认真做事。在教学中,教师要增强勤奋耕耘的激情,培养爱校爱生的感情,以乐观的态度对待教育事业,以发展的眼光看待学生,以丰富的学识促进学生全面发展,让每个学生的笑脸更灿烂,让每个学生的内心更欢愉。专业精神是教师应该具有的一种职业意识和心理状态,是对实现自我的自觉超越,包括职业认同感、专业态度、责任感、合作精神、职业情感、公正诚恳和具有健康心态等。专业精神期待"师道"回归和提醒,也就是说,需要安下心来教书,潜下心来育人,要有工作激情、爱生感情,以乐观的态度对待教育事业,以发展的眼光看待学生。例如,北京有位老军医名叫华益蔚,在使用听诊器为病人诊疗时,总是会用手将它焙热,才用来接触患者。这种行为体现他的专业精神。教育和医疗一样都是社会良心的"底线",既然教师选择这个崇高的职业,那么,就应当把这种职业当成事业来做,而不仅仅只是谋生的一个饭碗。教师专业伦理应该在道德理想和基本要求之间建立平衡,一方面,有基本的道德要求,违背这些要求就应该遭到谴责甚或惩罚;另一方面,确立崇高的道德理想,教师抱有"虽不能之,心向往之"的精神方向和更高教育人生追求的持久动力。有道德影响力的教师必须是有人文情怀和能践行人文关怀的教师。

(四)体验职业幸福感

职业幸福感是在职业活动中发自内心的感受。亚里士多德在《伦理学》中说:"幸福就是一种合乎德性的灵魂的现实活动,其他一切或者是它的必然附属品,或者是为它本性所有的手段和运用。"幸福感源于对教师职业的人生信念和教育信念,教育信念是教师对学校教育的使命、愿景和核心价值的认识和坚持。教师是精神乐园的守望者,课堂是教师辛勤劳作的乐园,也是收获愉悦的乐园,教师在自己的乐园里投入多,播种的希望多,收获的果实也会很多。所以,教师在为每个学生设计美好未来的同时,也努力树立自己的光辉形象,为自己创设丰富多彩的人生。一个处于身心和谐状态的教师能享受到职业生涯中的充实、成就和愉悦,就会产生职业的虔诚和欢快的心境。有这种幸福感的教师才是令人羡慕的教师。现实中,当教师走入教室、走近学生时,他看到的是愉快的笑脸,听到的是激情的声音,教师以其创造性的劳动去成就学生的同时,也在实现自己的人生价值,并在劳动过程中感受"教学相长"的幸福。可以说,今日做教师,既是最美好的时期,也是最艰难的时期。教师要调整心理状态,主动寻求帮助,带着幸福感去做教师,做到安心从教、热心从教、舒心从教、静心从教。教书有成绩,育人有效果,学生有亲近,家长有信任,领导有肯定,同事有支持,心中有理想,未来有憧憬,这可能就是教师最大的幸福。然而,教师往往面对的是一种"同质性群体",因而易产生职业倦怠和心理疲惫,缺少持续的激情,容易导致心情压抑。例如,2005年,在一项"中国教师职业压力和心理健康调查"中显示，超过80%的教师感到压力较大，近30%的教师存在严重的工作倦怠，近90%存在一定的工作倦怠，40%心理健康状况不佳，20%生理健康状况不佳，超过60%对工作不满意。为此，教师应克服某种因素导致的职业倦怠，调整心态，体验职业幸福感。

（五）创新教师管理制度

教师德育素养培育和提升需要一定的学校管理制度和有效评价来保障。信息时代改变了传统社会教师知识权威的地位，当教师权威受到怀疑或威严不复存在，那么必须强调制度权威。一般地说，教师对职业标准的归属感和义务感取决于他们在教学过程中承担多大责任、获得多少信任，教师会以自身高水平的专业知识和专业道德实现这一承诺。在尽量减少教师无谓的劳作和过重的心理负担上下功夫，让老师可以真正静下心来、潜下心来做学术，进而教好书、育好人。创新教师管理制度，通过有德性的制度管理来培养课堂中有德行的教师，促进教师专业成长。制度德性是指"制度内含的道德价值品性"，即通过某种伦理要求或价值准则影响教师的行为，形成符合制度要求的道德品性。师德制度伦理化包括应然和实然两个层面，在应然层面上师德制度应该追求和实现最重要的价值——人的主体价值，而不是对人的主体价值的贬损；在实然层面上，师德制度伦理化最重要的要实现公正。人是在制度、规则或习俗中工作和生活的，某种管理制度对个人影响来讲是先存的一种必然。制度是否符合道德性以及符合道德性的程度是教师个体德行养成的基础和前提。通常情况下，教师管理制度包括学习制度、考勤制度、课堂常规、年度测评制度等。当前，课堂教学评价理应把师德行为和育德能力嵌入其中，激励教师承担德育的责任，既要重视教学过程的环节和方法，也要重视教师的德育素养和人格魅力。师德行为和育德能力作为教师考核的一个外显性评价内容，是可以通过倡导性或禁止性的规定来测评的；而作为一个内质性评价内容，则是一种精神层面的考量，往往又难以量化，当外界约束力鞭长莫策时，教师行为也就可能失去约束而表现出非道德的行为来，这就需要提高教师德性素养，而并非仅仅靠某些道德的指令。要改进教师考核评价制度，在教师中，激发教师教学积极性和创造热情，需要用有效的评价来保障。有效评价是以教师自主参与德育实践的改善为宗旨，加强德育职责和使命担当，实现从"外在规约"走向"内在诉求"的评价机制。在肯定外在规约功能的同时，更强调教师道德人格提升的内在价值，这既需要个体主观努力，也需要外部德性制度环境。形成年度考核与日常考核、定性与定量、自评与他评相结合的考核机制，倡导"爱干就是德，善干就是能，多干就是勤"理念。只有将德育素养与自身发展、教育实践、管理制度等有机结合，才能真正走向德育专业化。例如，把学生品德发展状况作为教师绩效考核内容,把德育素养作为专业化发展评价内容,试图让课堂充满着道德教育的气息,在实践中起到一定的效果。

(六)加强课堂教学行为的反思

现代课堂价值观在于关注差异、关注生命,拓展学科丰富的育人价值,而不是简单传递教科书上所呈现的知识内容。教师课堂教学行为的反思可以催生德育素养及其智慧的生成。朱小蔓说:"教师反思过程实际上是教师在整个教育教学过程中充分体现双重角色:既是引导者又是评论家,既是教育者又是受教育者。因此,反思的本质是一种理解与实践之间的对话,是这两者之间相互沟通的桥梁,又是理想自我与现实自我心灵上的沟通。它是教师超越自己的思维能力,是一种创造能力在教育实践中的体现。"著名心理学家波斯纳提出一个教师成长的公式:成长=经验+反思,即是说,反思教学实践,在总结经验中提升自己,实现专业成长。在教师专业发展视阈下,强调行动反思,可以增强专业自律精神。反思应立足于教师的教育教学活动,尤其应立足于教师自己对教育教学行为的反思和叙事上,如教学活动中的道德性体验,教师对教育教学某一时刻或某一空间道德教育意义的叙述、反思、体验和理解等等。当然,教师道德反思能力也是教师德育素养和人格完善的重要途径。反思能力是采取合作、理解和移情方式来处理教育教学情境问题的一种能力。教师的教学行为反思是一个能动的、审慎的认知加工过程。反思就是把成功和失败都看成学习机会的活动,在反思基础上不断提升教育智慧,这是教师走向卓越和优秀的"催化剂"。斯巴克斯·兰格认为反思成分包括:(1)认知的,教师在教学中是如何加工信息和做出决策的;(2)批判的,包括情感、信念、价值观和道德等成分,深刻影响到教师对情境的理解,影响到其所关注的问题以及问题解决方式;(3)教师的陈述,包括教师所提出的问题,在日常工作中的写作、交谈以及他们对课堂教学所作出的解释等。这种对实际情境的解释可以使教师更清醒地看到自己的教学决策过程。今天教师不缺少各种报告、讲座和培训,不缺少听课上课的机会,不缺少阅读书籍,但是,最缺少的是长年累月、坚持不懈的自我反思与重构、自我训练和自我磨炼。

总之,师德行为的修炼经由两种形态:一种是处于"他律"状态,即在遵守教师职业道德规范的程度上只是停留在表层,尚未内化为品质,这种道德行为的遵守需要外在规约,如考核奖惩制度;另一种是处于"自律"状态,这种道德行为的遵守是出于内在诉求,反映着教师个体的一种道德需要,道德需要是教师真正地遵守师德规范的动因,是教师对道德行为自觉做出的理性判断和合理选择,并且自愿践行。从现实来看,职业规范对于教师行为来说是具有规约性的,但这一规约与教师对职业幸福感的理解缺乏认同感和一致性，师德教育往往成为教师专业生活中不受欢迎的话题，致使师德教育在教师专业发展中往往失去吸引力。因此，课堂中师德行为修炼必须由外在规约走向内在诉求。

第三节　通过师生交往来提升德育素养

一、师生交往的特征

师生交往是德育活动的一种基本形式。在交往中，教师引领学生建立与世界完整而深刻的关系，拓展并深化学生对社会的理解，不断把陌生于学生的世界，特别是学生的科学世界转化成为学生的"生活世界"，提升"生活世界"的品质。交往行为理论主要代表人物哈贝马斯提出交往行为满足四个条件或有效性标准：语言表达可理解性，言说或呈现的客观世界真实性，社会规则正当性，言语表达真诚性。他认为："一个交往行为要达到不受干扰地继续，只有在参与者全部假定他们互相提出的有效性要求已得到验证的情况下，才是可能的。"理性辩论、对话协商、交往合作、互益互惠应是引导主体间交流沟通的主要形式和内容。师生交往强调在民主、平等、理解、信任基础上进行心灵对话，其主要特征包括以下几点：

（一）平等对话

师生间的和谐交往是一个平等对话、相互理解、彼此认同和有效沟通的过程，也是一个分享情感和智慧的过程。在这一过程中，教师要尊重学生的思想、情感，要亲近、了解学生，做学生的知心朋友，亦师亦友。只有这样，教师的教育影响才能进入学生的心灵世界，产生良好的育人效果。平等对话不仅要求师生间相互尊重，而且更需要相互理解。叶圣陶认为，教师和学生是朋友，在经验和知识上，彼此有广博与深浅的差别，但在精神上却是亲密体贴的朋友。德国哲学家施莱尔马赫说过，理解是理解者在心理上重新体验他人心理、精神的一种复制和重构过程。因此，人对人的理解需要调动其全部精神因素方可全面、完整地把握自我或他人的精神、意义与价值。事实上，理解的前提是一种关怀关系的建立。关怀关系的建立，涉及人与人之间完全的接纳、深刻的反省、审慎的评估、不断的修正和深入的探索，而此后则是在无保留的对话中的相遇以及共同批判的思考。今天，身处数字化信息资讯时代，教师已不能简单地要求学生必须接受自己的观点或某一权威的看法，相反，教师需要面对的是学生探寻真理过程中不断的质疑。唯有建立在尊重与理解基础上的平等对话，方可让师生从中获得共同探究、共同成长的生命体验。然而，由于受传统教育观念的影响，有时候师生地位仍存在着不平等的问题，知识灌输、话语控制等非民主的教育教学方式导致师生之间充满矛盾、冲突，致使一些学生产生冷漠、孤独、嫉恨、自傲、自卑等不良情绪。因此，教师要与时俱进，通过学生喜爱的方式走近学生，捕捉学生的思想状态。当下大多数学生喜欢通过QQ、短信、微信等方式倾诉心中的感受，教师除了在日常交往中熟知学生，也可以开设网站或信箱，通过网上咨询服务，回答学生关注的问题，浏览学生帖子，掌握学生思想动态，达到网络育人的目的。例如，有位班主任发现班里有位同学有一段时间总是旷课，班主任找她谈话，她总是回避，后来班主任通过加入同学QQ群，看了她的空间，通过她晒的空间明星照片，上网查阅了这个明星组合的信息，再试着跟学生对话，并且通过明星的奋斗故事，鼓励学生应该有他们的精神追求。由此想到苏霍姆林斯基说过："如果你只限于从讲台上看见学生，如果只是由于你叫他来，他才走近你，如果他跟你的交谈只是回答你的提问，那么，任何心理学知识都帮不了你的忙。应当像朋友和志同道合者那样会见孩子，应当跟他同享胜利的喜悦，共担失败的忧伤。"因此，教师每周最好能参加一次学生班会及社团活动，每学期与本班同学进行一次深度谈话，以此培养学生独立精神、自由表达的现代人格。从"师生关系"概念走向"师生机体"概念，就是回归教师和学生发展与共生的本性。"师生机体"概念的提出具有两点意义。首先，彰显了教师和学生的教育生命性，二者真正成为一对不可分割的教育学范畴。"师生机体"概念消解了主体与客体之间的二元对立，融合了存在论、认识论、价值论，这既是对师生本真状态的描述，也是对师生应有意义的回归。"以生为本"和"以师为本"由此得到内在统一。教育界对教师和学生需求与特点的多元化应给予关注，将学生或教师作为主体的人类学研究、个性或智能类型研究、对话研究和质的研究等，这些都能促进教学双方的理解和互动，有力地推进教与学关系的改善。其次，消解师生实践中由教师和学生关系定位不清所引发的混乱。在师生机体中，教师的教育学意向与学生的自我发展需求实现了同一，师生行动具有极大的默契和自由，其地位和作用是以任务目标和具体情境为转移的，教师的教学机智和学生的创造潜能得以充分彰显，二者真正实现了共生。

（二）主动参与

道德发生的基础是在应对和处理社会各种关系中的联系感，即表现出对关系的敏感性和独立性，如对他人回应、共同体中的友爱、自信自尊等。师生交往在思想观念碰撞和融合的过程中，需要主体双方的积极参与。学生是有一定知识经验、丰富情感世界、个性差异和各种兴趣需求的生命主体，其主体性表现为重视自我建构和个性的丰富完善，以及努力使自己成为个人和社会道德生活的主人。教师的主体性则表现为发挥教育中的主导作用。教师始终是教育活动的决策者和设计者，其任务是为学生提供更好的"发展场"，其热情、公正、诚信等品质对学生心灵产生直接的示范效应，是学生品德形成最直接的影响源。尽管青少年学生具有独立判断和自主选择的能力，但在社会性发展等方面仍需要教师的引导。教师不仅要教会学生如何求知，更重要的是做学生道德的引路人，以积极进取、充满希望的心态引导学生树立正确的世界观、人生观和价值观，为他们指点人生迷津。但是，应该看到，教师平时教学教研任务重，导致师生间缺少必要沟通和交往。由于学生自我教育和管理能力较差，因而当他们需要教育帮助时，却常常无法获得教师的支持和指导。

（三）互动共进

与传统教育相比，现代教育的变革性是能够有意识地将教与学之间的矛盾从简单对立转变为依存互利。师生交往是一种道德实践活动，在互相磨合和心灵领悟的活动中生成德性。师生交往要求教师了解现代学生在求知需求、生活方式、职业定向、人生态度等方面的情况，发现学生身上的闪光点，以及看到他们成长中的不足和困惑，找准教育的切入点。教师劳动是一种合作艺术，学生成长是师生合作的产物，教师乱动、多动，不但不能促进学生成长，反而阻碍学生成长，导致教师教得累、学生学得苦，可谓"两败俱伤"，也可谓"锦上乱添花，雪中不送炭"。教师只能促进人的自主发展，而不能创造人的发展，适合学生内在的自然发展是教育追求的最高价值和最好标准。教师要唤醒每一个学生心中的潜能，帮助他们找到隐藏在体内的特殊使命和注定要做的那件事。只强调考试知识、解题能力，忽略品德、精神、身体发展，显然是不完整的教育。育人者同时也是受育者，教师要根据社会变化和学生发展的需要，自觉调整知识结构和能力结构，与学生一道前进，尽力避免交往障碍和心理代沟。教师只有这样才能赢得学生的尊重，同时也能增强教师的责任感和获得感，真正达至师生道德的互惠共生。对教师来说，面对一群性格迥异、富有朝气的学生，与他们一起分享交往中的收获和愉悦，能汲取生存力量而活出生命真义。师生交往中的互相勉励也将成为教师和学生终身学习和发展的动力，从而创生新的自我。不同的交往需要决定不同的交往方式、交往内容、交往程度、交往风格、交往质量。每个人都渴望得到别人的欣赏，同样也应该学会欣赏别人。其实，欣赏与被欣赏，是一种互动的力量之源，欣赏者必具备愉悦之心、仁爱之怀、成人之美的善念，被欣赏者也必发生自尊之心、奋进之力、向上之志。

（四）影响久远

师生关系是纯洁、真挚，也是最持久的一种人际关系。这种关系烘托着校园的亲切氛围，滋养着学生的健康成长，也温暖着每一位为师者的心。教育是人与人心灵上最微妙的相互接触，在这"相互接触"的过程中，教师的人格魅力对于学生心灵成长和人格形成无疑具有深刻的影响。师生间交往既能满足学生"向师性"的心理需要，又能为学生个性成长提供动力，尤其在与学生欣赏、仰慕的教师交往时，或当教师对学生有较高期望值时，这种影响的价值就更大。如果教师工作付出在学生不断进步中得到体现，那么，教师专业能力、价值观念、敬业精神，尤其是教师独立人格力量就会潜移默化地影响学生，对其品德形成发挥着永恒的参照作用。这种影响是伴随学生一生的，它不仅影响学生现时的观念和行为，而且影响其今后的工作和个人发展。教师是"使人继其志"的"善教者"，鲁迅曾在《关于太炎先生二三事》中说道："先生的音容笑貌，还在目前，而所讲的《说文解字》，却一句也不记得了。"其实，对于很多学生来说，走出校门，获益无穷、终生难忘的不是某一个具体的课堂知识，而是"先生的音容笑貌"，是那些课堂内外的朗朗笑声，是那些师生间真诚的精神对话。教育影响也非一日之功，俗话说："禁微则易、救末者难"。因此，教师要善于通过营造"课堂内外的朗朗笑声"、建立起"师生间真诚的对话"，让这种师爱或师情成为学生离开校园后难以忘怀的学校记忆、教育记忆。值得注意的是，当教师制止对学生有害的殴打行为时，如果学生不听从，部分教师要么"以暴制暴"，要么忍气吞声。此时，遭遇师德规范的困境。当教师陷入师生关系危机的师德困境中，影响的不仅仅是课内的师生交往，也影响课外的师生交往，甚至还会影响教师对自身职业的信念。教师要正确行使管教权，《中华人民共和国教师法》赋予教师有"制止有害于学生的行为或者其他侵犯学生合法权益的行为，批评和抵制有害于学生健康成长的现象"的义务。

二、师生交往的内容

实现师生间的和谐交往，在交往中让不同的内心世界进行真诚交流，交往内容可以从以下四个层面展开。

（一）知识层面的交往

当代学生思维活跃，求知欲强，具有独立思考、学习和研究的能力，通过与教师知识层面的交往不断得到精神鼓励和学习动力，同时理解和汲取教师的思维方法和学科知识。教师闻道在先、学有专攻，能站在学科前沿，引领学生探索科学的未知领域，启发学生关注现实社会生活中的热点问题，答疑解惑，培养学生的创新精神和实践能力。苏霍姆林斯基曾说：当一个孩子跨进学校大门成为你的学生时，他无限信任你，你的每句话对他来说都是神圣的真理。在他看来，你就是智慧、理智和道德的典范。教师不仅向学生传递人类积累的文化知识和科技成果，而且引导学生形成对待知识的正确思想和态度。同时，在教学过程中对学生的学习目的、思想行为、学习方法和道德品质等方面进行教育，教会学生学会做人做事。通过教师知识的魅力折射德育的光芒，这种教育优势是其他德育途径所不能替代的。特别是，针对一些学生人文素养缺失，文化底蕴不够丰厚，挑战意识不强，缺乏积极心态等问题，教师要有意识地对他们加强社会主义核心价值观教育和经典著作阅读指导，提升其品德修养的境界。

（二）情感层面的交往

师生之间并不仅是知识的接受关系，教师与学生作为有灵魂的生命个体，双方需要在教育中通过情感不断进行沟通，才能获得彼此的理解和信任，学生也才能在这种沟通中获得身心素养的提升。生命哲学家威廉·狄尔泰曾说："自然需要解释，而人需要理解。"人都是有情感的，人的道德行为由情感引发，受情感调节。融洽的师生关系充满着人情味，只有这种富有人情味的师生交往才能使青少年学生产生归属感、安全感。正如马斯洛所说："在通常的人际关系中，在一定程度上我们是彼此难以理解的，在爱的关系中，我们变得可以理解。"雅斯贝尔斯在谈到"爱"的含义时也说："爱是对人不自由的束缚的解脱。……爱与交流的行为是人的天性中的重要一维。"北京师范大学林崇德老师教书育人的理念是：严在当严处，爱在细微中。教师对学生严慈相济，就要有感情投入。同样，学生通过与老师交流、沟通，把个人内心想法开诚布公地与老师商谈，并得到理解和积极回应，这既满足了情感需要，也起到了以情育人的作用。师生情感交往能产生心灵碰撞，这种碰撞是直面的，无须遮掩，是情感的真挚流露，它不仅益智，而且促德、健心、创美。只有当存在人际情感信息的沟通和恰当的情感应答关系时，人才能产生联想感、依赖感、安全感、对情绪反映的敏感性、同理心、同情心等，这些是形成德性品质的重要情感条件。如果缺少彼此依恋和安全感、缺少人与人交往的美好感觉、缺少爱和被爱的感受，道德的种子就不会苏醒和萌芽。尊师爱生是师生和谐交往的重要条件，它不仅要求一种亲密的情感氛围，而且要求彼此端正交往态度，清晰把握交往中彼此的角色和地位，始终保持师生交往的纯洁性和美好性，减少交往中的功利性和不健康心态。师生情感是教师和学生一生中最宝贵的财富，师生可以共同感受到这种精神的力量。可以说，师生交往呈现出一种智慧、意境和能力，强调的是一种权利、角色和责任，是一种自主、平等、真诚、有效的对话。专业道德情感是教师对教育教学工作带有理智性的价值评价的情感体验。其中，教师良知（良心）是专业伦理内涵中的原核性质的因素，在专业道德发展中起着决定意义的作用。良知主要是指在教学实践中，对道德义务的自觉意识，对履行教育职责的道德责任感的认同，以及对自我行为进行道德判断、调控和评价的能力。有人指出良知是教师道德人格的"守护神"，蕴含着教育伦理的根本精神。它能把外在的、社会的道德规范自觉转化为主体的、内在的道德律令，作为一种评价和判断能力，教育良知是主体对外在道德必然的充分把握而达到的一种行为自由状态，是主体道德意志和道德信念的深厚而完美的积淀。尽管社会对教师的期望与要求标准不断提高，今日做教师所面临的教学压力有增无减，以致有些教师不同程度地存在心理障碍、精神疾患等问题。尽管如此，但仍不能忽略教师的道德情感培养。只有精神世界丰满的教师，才能培育出精神世界丰满的学生。可以看到，有些教师缺少专业道德情感，如对学生实施体罚或变相体罚，不能公正对待学生，偏袒成绩好的学生，而对犯同样错误的学生，教师往往对成绩好的学生惩罚较轻，甚至免于批评惩罚，致使少数学生表现出不良情绪和偏激行为等。在这种情况下，专业情感比业务水平更重要，需要师生间情感交流，在课堂中实施价值教育，建立融洽的师生关系，以积极的态度和情感去影响教育学生。

（三）能力层面的交往

师生间的能力交往是指师生在交往过程中彼此发现、发展各自潜能和能力。教师的能力可带动学生能力的发展，即以教师的能力培养学生的能力。有人说，现代教师面对"三高"学生群体，即个子高、智商高、情商高。学生既要高分，也要素质。特别是，父母离异或经常吵架导致孩子性格孤僻，家庭过分溺爱或放任不管导致孩子以自我为中心，针对这些学生存在着"难管理、难教育、难转化"的特点，为应对人际交往冲突的困境，教师要不断提升自身德育能力，与家长一起携手发挥合力育人的作用。教师能力应当包括观察学生能力、语言表达能力、管理能力、自我调控能力、独立思考能力、组织协调能力等。学生在与教师交往中可以感受、学习教师的这些能力，并形成对科学、人生和自我的正确认识和评价能力，特别是学会如何面对、处理现实中的道德两难困境问题的能力。这种道德判断、抉择、践行能力需要在与教师一起讨论、交流和在服务社会实践中得到培养、锤炼和发展，逐步形成一种道德"技艺"。教师也能在与学生的交往中，发现学生独特的能力，从而提高、拓展自己的能力，获得前行的动力。

（四）道德层面的交往

良好的师生关系是顺利开展德育的条件，有利于促进学生健康、生动、活泼地发展。师生间的道德交往是一种使人成为人的交往形式，它直指人的精神世界，使人过一种有意义、有价值的道德生活。这种道德层面交往比知识、能力层面的交往更重要。道德教育不是一般说教就能达到效果的，还需要一定的道德实践来促成。即是说，德育不仅解决知不知问题，还要解决行不行问题。德育除了接受知识（学会）外，还要转化为行动，比如接别人送来的水之后还要说一声谢谢（自觉行动）。人的道德学习可分为自发道德学习和自主道德学习，教师的参与是学生走向自主道德学习的条件。因为教师能够呈现、阐释和利用社会道德经验，激发、调整和满足学生的道德需要，附着在教师身上的师爱能使学生感到生活中的真善美和人间的真诚，获得积极的情感体验，并进而内化为自己的道德品质。越是德高望重的教师对学生影响就越大，所谓"亲其师，信其道"，学生都愿意与有道德的教师交往。所以，在一定程度上说，教师的师德水平以及与学生的交往情况决定着学校德育能否成功。教师（班主任）在校园活动、学习生活中与学生密切接触，在成人成才方面提供有针对性的指导，这对学生的道德成长是极其有利的。师生交往作为一种德育资源，对学生道德发展具有直接而深远的影响。著名心理学家罗杰斯提出，人际交往不仅可以交流思想，而且可以分享情感、梦想、希望、内心感受等。每个人都被看作"历史性的互相依赖的生物共同体"，个体的道德发展有赖于对个别的"我"与他人、社会之间关系的正确把握。因此，师生交往既可以看作是一种实践性的道德教育，同时也是促进学生道德发展的基础和重要的德育资源。

总之，师生交往是知识、情感、能力、道德层面交往的融合统整。在师生交往中，教师不仅要关注学生的知识学习、能力增长，还要关心学生的情感体验、道德成长，做学生生命中的"贵人"。学校师生交往的形式有很多种，既有正式的，如校园活动、课堂教学、咨询服务、问题讨论等，也有非正式的，如电子邮件、网络平台、手机短信、自由谈话等；既有师生个体间的交往，又有师生群体间的交往。师生交往还包括学校行政领导、后勤人员在管理服务中与学生的交往。不管是哪种形式的交往，也不管是哪个层面的交往，它都需要教师和学生投入全部的力量，需要师生作为独立自我的相遇和理解，同时在交往中摄取对方创造的经验和智慧。

第四节 通过师德评价来提升德育素养

自从有了教师职业，就出现各式各样的直接或间接的教师评价。早在2500多年前，孔子就通过日常生活的一些生动事例，用形象思维的方式诱导和培养弟子的学习兴趣和自觉主动的学习态度。这种教学方法受到弟子们称赞，他的学生颜回评价说："夫子循循然善诱人，博我以文，约我以礼，欲罢不能。"到19世纪末20世纪初期，首次出现"教师评价"这个概念，其中教师职业道德评价是教师评价的一个组成部分。

一、教师职业道德评价的意义与类型

教师职业道德评价是指教师自己、他人或社会，在一定的道德意识支配下，依据教师职业道德规范和教师专业发展标准，通过社会舆论和内心活动等形式对教师职业行为和道德品质所做的判断活动。教师职业道德评价标准是反映我国当前社会和职业需要，并具体指明行为的界限。凡是符合教师职业道德规范的行为和品质就是善的，获得肯定性评价；反之则是恶的，得到否定性评价。它可分为内质性评价和外显性评价，具有相对性、稳定性、主观性等特征。其中，主观性特征是指道德评价受评价主体的经验、兴趣、价值观等因素影响，反映评价者的主观意愿和需要。

（一）开展教师职业道德评价的意义

教师职业道德评价是师德建设的一项内容。师德既反映教师个体道德水平，也意指教师从业基本条件，是教师专业发展的根基或"灵魂"。师德是教师教育和专业发展的重要内容，是教师职业资格认定的必备条件。教师职业道德评价是维护师德规范的保障，是教师职业道德从认识转化为行为的"杠杆"，有助于教师在职业道德修养上的自我监督和自我完善。通过教师职业道德评价，可以培育教师的职业道德意识、行为和品质，不断提高教师自身的精神境界和道德水平。从内容上来说，目前教师职业道德评价更强调的是专业道德评价。由职业道德评价转向专业道德评价是源于教师专业发展的实际需要，它包括职业认同感、专业态度、责任感、合作精神、专业情感、公正诚恳和具有健康心态等。从师德中寻找教育的力量，以德导能、以能表德，发挥教师职业道德对教师专业成长的统领作用。

教师职业道德评价是考核聘用的依据。教师职业道德评价具有目标导向、专业发展、督促激励和问题诊断等功能。为完善师德制度，各地教育部门建立师德个人档案，在特级教师、学科带头人、职称晋升、优秀教师、教坛新星等评选中，严格实行"师德一票否决权"。目前师德评价还是个难点，存在师德考核不到位、监督管理不力等问题。无论是对课堂教学评价，还是对教师素质评价，都没有很好把师德嵌入其中，同时激励教师承担德育责任的机制还不完善。尽管师德评价是教师考核的一个重要内容，但是具有主观随意性，师德相比其学历、能力等而言，不是硬性标准，往往出现"讲起来重要、做起来次要、忙起来不要"的尴尬局面。因此，通过有效的师德评价，在认可教师工作成绩、肯定教师优点的同时，应努力发现需要改进的地方，提出切实可行办法，最大限度帮助教师专业发展。规范师德行为，不仅要以一定的外在条件为保障，还要以教师自身的专业发展和主观努力为基点。俗话说："水激则石鸣，人激则志宏。"对于教师来说，采用有价值的奖励形式，能激发教师内在潜力和工作积极性。

教师职业道德评价是提升德育素养的要求。中共中央总书记习近平同北京师范大学师生代表座谈时强调：教师重要，就在于教师的工作是塑造灵魂、塑造生命、塑造人的工作，并且提出"四有"好老师的标准，即要有理想信念、要有道德情操、要有扎实学识、要有仁爱之心。教师职业道德评价一般包括教师教育教学行为和教师职业道德品质两个方面。其中，教师职业道德品质包括职业理想、职业情感、职业态度、职业纪律、职业良心、职业责任、职业作风等。教育部曾明确指出：教师评价制度的改革，有利于加强教师职业道德建设，促进教师专业水平的提高。德育素养是教师专业化发展进程中的一个重要维度，一方面，通过提升教师的德育素养来促进专业道德（专业伦理）发展；另一方面，专业伦理发展也必然要求教师提高德育素养，两者相辅相成，相得益彰。这既有利于教师德性的生成，又有助于教师育人能力的提高。例如，从一项调查来看，关于教师品质，有49%的教师认为"爱心"是教师最重要的品质，包括尊重信任、严格要求；关于工作态度，地区之间存在差异，35.9%的教师选择教师是自己的兴趣；部分教师职业信念不够坚定，欠发达地区教师职业认同感较低。因此，育人先育师，提升教师的思想道德素养和人格魅力，使他们真正成为学生健康成长的示范者和引领者，把离学生最近的教师变成学生最敬的人，成为学生最感念的人。只有教师具有良好的师德规范，以德示教，以德立教，学校德育才能落地生根、开花结果。

（二）开展教师职业道德评价的类型

1. 按评价主体分为：社会道德评价和自我道德评价

社会道德评价，也称他人评价或外部评价，是以社会或他人的评价为主体，对教师道德行为、品质所作出的善恶判断或褒贬态度。它来自于学生家长、社区成员、协作单位等评价。在学校内，由管理者组织的教师职业道德评价，主要有学生评教、教师之间的互相评价、领导评价。为此，要完善学生、家长、学校和社会"四位一体"的教师评价监督体系，特别要发挥家长委员会在师德评价和建设中的作用。

自我道德评价，也称内部评价。教师自我道德评价是行为主体对照国家制定的教师职业道德标准，依据内心信念，对自己的道德行为、品质和意向所做出的善恶判断活动和自我褒贬态度。一方面，由于评价主体清楚地了解自己的动机，因而可能使评价更及时、恰当和公正；另一方面，也可能因利害关乎主体自身，使自我评价带有主观随意性，常常出现与实际相偏离的情况。教师自我道德评价的方法主要有参照法（以别人对自己的评价为参照系进行的自我评价）、量表自评法、横向比较法和期望值比较法。道德评价要发挥对个体道德的监控作用，关键在于把社会（他人）的道德评价转化为个体的自我道德评价。它是一个自我反思的过程，更是一个自我道德提醒的过程。教师自我道德评价是对自己德行的感受和调控，其作用表现在：自我评价影响自身专业的发展，影响职业幸福感的形成，影响学校教师群体的合作。开展教师自我道德评价活动，关键是要有自我道德评价的意识，即所谓"人贵有自知之明"，通过教师自我道德评价，从而提高教师评价的自觉性、经常性和科学性。强调教师对自己教学行为的分析与反思，建立以教师自评为主，校长、教师、学生、学生家长共同参与的评价制度，使教师从多种渠道获取信息，不断提高教学水平，让教师释放潜能，体验美丽人生。同时，将社会道德评价和教师自我道德评价结合，建立民主、平等、合作关系，让教师最大限度地接受评价结果，就是评价的最大效益。

2. 按评价方法分为：质性评价和量化评价

质性评价是对教师职业道德行为在性质上做出的判断，通常用评语或等级的形式。因为教师工作是一项复杂的劳动，其表现为任务多样性、过程复杂性、集体协作性、手段特殊性和劳动创造性等，还因为教师劳动更是"良心活"，所以，不能单纯地用外部表现或量化指标来判断教师职业道德。它可采用概括性评价，抓关键抓本质因素，尊重教师的教学风格、性格差异，同时与教育教学任务捆绑，重视教师在教育情境中的具体知识和个人经验。例如，教师档案袋法记录着教师成长过程、教育教学成绩、获奖情况、职业道德水准等。这种质性评价，不仅要看到评价促进教师提高教育质量的"工具性"价值，还要认识到评价促进教师专业发展和个人成长的本体性价值，旨在让教师能发现自身的价值与问题或优势与不足，从而能更好地自主制定专业发展规划。

量化评价是对教师职业道德行为在量的方面做出的规定，通常用评分的形式表现。量化评价能做到客观性、准确性，增强评价可信性和说服力。例如，有些学校将师德考核细化到若干项指标，每项赋予分值，包括体罚（变相体罚）学生、擅自停课缺课、擅离职守、强制学生订购教辅资料、学术不端行为、在工作岗位遇到涉及学生人身安全的紧急情况未及时采取措施保护学生人身安全等。但是，从某种意义上说，师德属于道德范畴，师德是教师职业道德和职业操守的象征，形容一个人道德高尚，可以给其荣誉，或者给其一定的物质奖励，如果单纯地将师德进行量化，甚至与报酬挂钩，这种操作上的不当可能是对师德的贬损或误读。

3. 按评价目的分为：奖惩性评价和发展性评价

奖惩性教师评价是将评价的结果作为奖励或惩罚的条件，目的是加强教师的绩效管理，控制教师。奖惩性的评价虽然对教师发展有一定的作用，但操作起来可能过于简单化、表面化，导致流于形式或出现应付评价，对教师的专业发展不能真正地起到促进作用。这可能既不利于教师提高专业技能，也不利于激励教师对其专业潜能的开发。

发展性教师评价侧重于自我评价和过程性评价，通过实施教师评价，达到教师与学校共同发展、个人与组织共同发展的结果，目的在于挖掘教师的潜质，促进教师专业道德发展。现代教师评价的趋势是重视发展性评价，即由绩效管理转向专业发展评价，由甄别选拔转向共同进步，由注重结果转向注重过程，由面向过去转向面向未来，由强迫接受转向共同认可。相信：没有最好，只有更好。

二、教师职业道德评价的原则和要求

（一）教师职业道德评价的主要原则

1. 导向性原则

教师职业道德评价标准是《教师职业道德规范》的内容和社会对教师劳动价值的期待。评价标准给教师成长发展和教育工作指明了努力方向。教师评价要结合学校性质、学生需要和社会发展目标而定，把教师置于一定教育制度和情境下来考虑，从而促进学校需求与教师需求的融合、教师心态与学校氛围的融合、教师现实状况和未来发展的融合、教师受益与学校受益的融合。现实中，它引导教师形成正确教育态度和价值观，妥善处理个人与学校之间、师生之间的关系，同时，以"四有"好教师为榜样，发挥优秀教师高尚师德行为的示范作用，以师德师风演讲比赛促进师德建设等。评价教师职业道德行为，既要看到优点、闪光点、积极向善的一面，又要看到不足和缺陷，发扬优点克服缺点，从而帮助其进步。

2. 民主性原则

也可以称为协商性评价，评价双方建立民主、平等、合作的伙伴关系。增强评价的可接受性和"共鸣"性。由重考评走向重引导，评价应更多地给教师带来自我成就感、积极向上的情绪，减少挫败感。例如，某校采用"校长—同事"评价法，首先，评价双方建立互相信任的关系，评价者必须尊重每个教师自尊心，给予积极鼓励，听取他们的意见和想法，如果能引导教师参与自我评价，坦诚说出自己的优缺点和努力方向，教师评价必然获得预期的效果。其次，发挥形成性评价的优势，促进教师专业发展。最后，教师发展根本动力源于教师本人，通过评价可达到自我完善、自我提高，也可争取同事和领导的支持和帮助。此外，也可以通过师德问题的讨论，提高道德的判断和选择能力，从而践行教师修养的自觉性。

3．主体性原则

教师职业道德行为在本质上是一种自主、自觉、自愿、自律的行为，一旦形成将会产生相对稳定的态势，渗透到教育教学各领域。评价主体性原则是在充分尊重教师的前提下进行的，突出教师主体地位，促进教师积极参与评价。在开展师德评价活动中，尊重每一位被评教师的意愿和合理要求，充分调动和激发被评教师的积极性、主动性和创造性，让教师获得评价的知情权、参与权，及时获得评价信息反馈，这样就使教师对本职工作产生责任感和成就感，努力提高教师的满意度。主体性原则强调自主参与式评价，不仅是迎合外在制度性的"考评"，更是个人内在的态度和价值观的融入。变"要我评"为"我要评"，最大限度地增强评价结果的可接受性。因此，应建立以教师自评为主，辅以管理者、学生、家长、同事共同参与的交互作用的评价主体，强调对自己的教育行为分析与反思，让教师学会评价。

4．发展性原则

也就是动态性原则，用发展性的眼光看待被评教师的优点和价值，发挥评价的激励功能，使他们看到自己的进步和成就，同时认识自身存在的不足，进一步激励他们的上进心和进取精神。这种评价让教师参与制定评价标准和评价活动过程，是重在促进教师自我发展的评价。它是重发展而非重鉴定的评价，立足现实，侧重未来。评价主要功能由简单的评判转向促进教师不断发展，通过评价来对教师的专业发展予以帮助和支持，调动教师发展的内在需求，引导教师通过自我反思、自我规划、自我学习，不断调控教育行为，以实现真正意义上的专业发展。

5．可操作性原则

评价标准的制定要贴近学校教育实际和教师发展需要，拟定的指标要求具体、简明，具有概括性、简洁性和可比性，做到"宜少不宜多，宜粗不宜细"。评价方法应简单易行，便于操作，尽量减少评价成本。例如，一些地方把师德素养作为教师年度考核和专业成长的评价依据，制定具体细则并在实践中落实，以制度为约束，以考评为手段，以激励为动力，开展师德师风示范岗位建设活动。当然，无论采用定性法还是定量法、无论采用自我评价还是他人评价，都要保证师德评价的合理、合情、合法。

（二）教师职业道德评价的基本要求

教师职业道德评价应做到以下三个方面的结合。

第八章 提升教师德育素养的策略

1. 动机与效果结合

动机与效果统一论是指在教师职业道德评价中既要看动机又要看实际效果,把两者有机结合起来对教师行为进行评价。教师在职业行为中的动机和实际产生的教育效果、社会后果都应作为教师职业道德评价的依据。历史上,以康德为代表的"动机论者"认为评价道德行为的唯一依据是行为的动机,效果的好坏不能作为评价的依据,所谓动机是行为主体在同社会或他人的关系中,自觉追求一定目的的主观愿望和意向,它是内在驱动力。以边沁、穆勒为代表的"效果论者"认为评价人的行为只能看效果,不能看动机,理由是人的行为动机是主观的、复杂的,判断人们的动机是不可能的,所谓效果是行为主体的个别或一系列行为,给社会或他人造成的实际后果。在通常情况下,动机和效果是相符合的,但事实上也会发生动机和效果不一致或矛盾的现象。为此,在开展教师职业道德评价时,既要看动机,又要看实际效果,将动机与效果统一起来。看教师在践行师德时,动机究竟是出于一种希望得到赞美或回报心理,还是只是怀着一颗平和、简单的心在做事,没有回报也无所谓。教师在很多时候教育帮助学生,可能怀有不求回报的心态,不在于为某种奖励和荣誉。

2. 自我评价和他人评价结合

自我评价是教师根据职业道德规范和评价标准要求,对自己的职业道德进行的一种自我认识和自我判断。自我评价的内在动力来源于教师内心信念,在自我评价过程中,要把诊断性自我评价、形成性自我评价和终结性自我评价结合起来。自我评价在教师发展中具有重要意义,著名的"霍桑实验"表明,金钱对一种"经济人"来说,固然是重要的刺激因素,但对教师来说,它并非调动人的唯一因素,教师更是一种"社会人",存在着一定社会、心理方面的需求。评价应是教师发展的内在动力而不是外在压力,是教师认可的一种活动,起到引领导航作用,而不是带来职业倦怠。只有教师自我评价的评价,才是最好的评价,因为他们能把外在评价要求转化为发展的内部动力。他人评价(外部评价)包括学生评价、领导评价和社会评价。学生评价是指在教与学的互相作用中,学生依据教师职业道德规范对教师的教书育人态度、情感、责任心、行为举止、教学能力等方面的评价。领导评价指学校成立评价小组,由同行专家或经验丰富的教师组成,将平时评价与定期考核结合,开展对教师具有权威性的评价。社会评价主要是通过社会舆论对教师职业道德进行的评价,如借助于各种媒体等。应以教师自评为主,将他人评价与自我评价结合,发挥各自的不同作用。教师评价在肯定社会道德规约功能的同时,更强调教师道德人格提升的内在自觉。以教师自主参与职业道德实践的改善为宗旨,加强师德职责和使命担当。一般地说,教师对职业标准的归属感和义务感取决于他们在教育过程中承担多大责任、获得多少信任，教师会以自身高水平的专业知识和专业道德去实现这一承诺。

3. 相对评价和绝对评价结合

教师职业道德评价是对其行为做出善恶的价值判断，善恶既具有相对性和不确定性的一面，也具有绝对性和确定性的一面。绝对评价是用统一标准对所有教师的评价，是对所有教师的共同要求。相对评价是针对不同地区不同教师采用不同的评价标准或要求。通常情况下，人们更多地采用相对评价，是因为教师劳动具有主体性、复杂性、创造性、长期性特点，加之劳动对象具有差异性和多变性，用一把"尺子"来衡量教师行为的对与错（好与坏），这种绝对机械做法有碍于教师专业道德的发展，同时，由于社会文化、历史、制度等因素，学校和所授学科差别较大，对教师价值取向不同，用统一标准也是不合理不公正的。针对不同类型学校、不同的学科、不同年龄和职位的老师来说，教师评价标准既要注重统一要求，也要差别对待，应有不同评价要求。评价不搞"一刀切"，体现教师的不同风格，为每个教师发展提供一定的空间。

第五节　通过实践研修来提升德育素养

德育具有很强的实践性和应用性特征。能不能够把理论还原成实践、研究成果回归到实践，又能从实践当中提取出理论呢？这是德育研究的根本旨归。马克思有一句名言："最深刻的理论能够还原为最具体的实践。"德育研究一定要"顶天立地"，既要站位高，即学理上的辨析勘研；又要关注现实、了解现实、研究现实，回答实际当中的问题。对教师来说，实践研修就是"从问题中来，到实践中去"，突出"能力本位，实践导向"的理念。教师德育素养提升既可以借助外力发展，也可以依靠内在驱动。借助外力发展，即所谓"扬鞭子"，它是指采取检查、考核等手段对教师专业发展进行强制性干预；依靠内在驱动，即所谓"搭梯子"，它是指基于教师自身的意愿，为实现其自主发展提供帮助、创造条件。

一、在校本研修中提升德育素养

什么样的德育研究称为有效呢？一般认为，指向校本的德育研究最有效。校本研究是教师置身于一定教育情境中叙述真实的教育生活的研究方法。德育研究不应是书斋中的研究，而是在教育现场，在活生生的教育实践中去研究，发现现实问题，寻求解决问题的方法。校本研修是教师基于学校现实问题、根据自身专业发展需要、

第八章 提升教师德育素养的策略

源于学习任务驱动的自主合作探究学习，主张"研"与"训"的结合，它是教师专业成长的最直接、最灵活、最富有实用价值的一种研修模式，也是教师德育素养提升的一种有效途径。它包括"需求分析、问题诊断、案例观摩、理论指导、实践感悟"等流程，将知识掌握、德育能力培养相贯通，使研修结果直接转化为教师的教育能力，补齐专业发展的"短板"。校本研修或跟岗研修坚持道德教育的"草根研究"，教师既要从德育困境和误区中走出来，又需要借助理性思维和获得一定德育理论指导。可以说，教师德育素养的增长是"边工作、边学习、边实践、边提高"的一种常态化研修过程。

校本德育研修涉及的内容很多。研究只有面对真实性和现实性的问题，才能切实地增进教育知识，适时地改善教育实践，在教育实践中产生的问题，才是教育研究的"真问题"。那些远离教育实践，只能站在个人立场的自我言说，在本质上解决不了真正的学生问题。例如，在学校品质提升方面，以学生事务管理、班级实务管理、心理健康教育、危机事件应对处理等为研修内容，寻找学生品德形成的契机和关键问题。对学生研究而言，包括学生接受教育的生理基础、心理基础、脑科学基础、需求基础、环境条件基础、社会评价基础等，包括建立在实验、实践和生活基础上学生形成的教育经验的局限性及其可拓展的空间，也包括在生存和发展的过程中学生遇到的挑战及其应对等。结合信息化时代到来，开展德育课程模式、内容、方法的研究；结合学生综合素质要求，开展品德行为测评的研究；加强学生规则意识教育的研究。再如，对教师的研究，包括教师专业伦理精神的研究、课堂教学中德育素养的研究、教师人格特征对学生发展影响的研究等，要对教学要素、教学策略、教学技术和教学方法等方面所蕴含的德育价值进行研究。教师的研究方法，可通过扩大阅读，拓展人际交往，将教师伦理标准内化为教师个人化的教育哲学和德性修养；通过问卷和访谈方法，深入教育生活的现场，开展田野研究；通过专项课题研究，剖析德育难题，共享德育经验。同时，在研修中，学校应制定一些考核管理制度，提高教师自我研习的自觉性。

教师进行校本研修，首先，要具有研究意识。校本研修是引领教师可持续发展的一盏"明灯"，解决自己的教育问题，发表自己的研究成果，改善自己的教育实践。本质上是一种行动研究，类型有教育日志、教育案例、教育反思、教育博客、教育沙龙、读书报告会等。在多元价值背景下，研究意识包括主体意识、责任意识、信念意识、问题意识、创新意识。截至今日，教师对科研活动认识的不一致，有的认为科研就是做课题、写论文；有的认为教学负担重，没有研究经费和时间，不做科研；有的认为学校缺乏教研氛围等。关于教师搞科研需要有个正确的认识，既不能因科研而放弃教学任务，也不能整天忙于上课而不去探索创新教育方法。因为科研教研是为教育教学而展开的,"教而不研则浅,研而不教则空",两者相辅相成、互相促进。课题研究本身是提高教师专业发展的一种手段,而不应单纯追求外在成果,外在成果(论文、著作)只是研究的"附属产品",更重要的是教师应在研究中学习、在研究中提高自己。需要指出的是,教师的研究不同于研究者的研究,教师是以学校为平台,开展校本研究和行动研究,侧重以解决现实问题为目的。无论行动研究,还是校本研究,都需要团队间的互助、交流与合作。值得一提的是,教研是求真求善的,目的在改变现状,提升教师专业水平,实现教师从"经验型"向"科研型""专家型"的转化。研究意识是发自内心地对教育教学改进的一种需要的性向,是潜在的捕捉问题、解决问题的欲望。教师要有终身学习和思考的习惯,及时了解和把握教育改革与发展的新动向与新知识,不断突破定型思维方式,使熟悉的变得陌生,使习惯的变得新奇,使原来被忽略的变得清晰,一切习以为常的事被重新审视。其次,要具有独立的研究能力。教育研究是一种创造性劳动,靠外力推动是不够的,还要有来自教师内在的执着、求真、创新的精神以及相应的能力,才能推动教师进入研究状态。常言说:"道不远人",德育研究其实并不神秘,一方面,德育研究应立足于我国传统文化,只有"根深"才能"叶茂",传统德育中的"原创"精神是今日德育"创新"取之不尽的源泉;另一方面,要把握德育研究的实践指向,需要站得高、看得远、想得细,扎根于学校的教研活动,在实践中善于发现德育新现象和解决德育新问题,把实践经验凝练升华为理论成果,再让理论落地生根。德育研究往往是一条"苦行僧"式的道路,需要耐得住清贫寂寞,研究者需要"厚积薄发、小题大做、字斟句酌、标新立异",避免研究结果的理想化、研究方法的目的化、研究文献资料的虚无化、语言表达方式的官方化、研究态度的情绪化等倾向。再次,要具有批判性思维。在汉语中,"批判"的原意是"解读原文,发表意见,辨明源流,做出评价"。研究要有自己的独立理性判断能力,不能一味地"跟风",否则会迷失方向,偏离科学轨道。清末著名思想家戴震说:"治学不为媚时语,独寻真知启后人。"学问就是对问题说得出道理,有自己的想法。提出问题,有自己的主见,然后要想解决它,这大概是做学问的起点。最初一点主见,成为以后大学问的萌芽,从这点萌芽你才可以吸收养料,可以向上生枝发芽,向下入土生根。上边枝叶扶疏,下边根深蒂固,学问便成了。思精理熟,晶亮透辟。

二、在行动研究中提升德育素养

行动研究的创始人勒温认为,行动研究是指科学研究者与实际工作者之智慧与能力结合在一件合作的事业上。美国学者柏莱克威尔认为行动研究是一种研究方法,研究对象是学校中的问题,研究人员是学校教职员,研究目的是改进学校的各项措

第八章 提升教师德育素养的策略

施,重要性在于企图使教育实际与教育理论密切配合,且能给予实际工作者以深刻隽永的印象。我国学者认为,行动研究是指教师在教育情境中自主进行反思性探索,以解决实际问题为主要目的,通过自我教育行为反思,不断学习,积淀才学,提升教育智慧和能力。例如,在教师教育中,通过"问题单""案例表"形式,落实以问题为中心、案例为载体,采用答疑解惑和互动交流等方式,实施嵌入实践与行动研究,实现服务指导一体化,从而致力于教师德育素养的提高。除了自我学习与实践磨炼以外,教师还应与本校、外校教师进行经验交流和分享,建立"学习共同体",加强自我反思。教师应学会的10个反思:(1)是不是做到对每个学生都一视同仁?(2)课堂上叫学生发言时有没有偏袒某些学生?(3)是否注意让每个学生一天都有一次发言的机会?(4)有没有尽量和学生多聊天、多接触?(5)休息的时间尽量和学生一起玩了吗?(6)有没有积极听取学生们的意见?(7)和学生谈话是否商量多于命令?(8)是否注意随时随地表扬肯定学生的优点?(9)是否对不应该的事果断地给予批评?(10)班级的规定有没有和学生一起制定?学校应以"问题诊断"为抓手,把"教育反思"作为常规来要求,使教师在教育实际中,从"发现问题—凝练课题—组织实施—行为矫正"等流程进行研究,也是致力于"师生共成长"的教育实践,实现从经验性、资料性向思想性、科学性转变,从而促进教师德育素养的提升。

由于学生随着生活环境、学习环境及个人处境的变化,因而个人的需要与有待解决的问题也将随之变化。对此,教师思考的问题是:第一,原先的良好习惯能否保持?原先的不良习惯是否改变?第二,随着同伴对象以及同外界接触关系的变化,是否养成新习惯?是否沾染坏习气?行动研究要求教师确立"育人为本"的信念,持有"内在参与者、外在观察者"两种身份,要有自觉、良知、想象力、独立意志、社会情感、智慧、体悟的素质。能当老师不等于能当好教师,若要当好老师需要多学习、多积累、多研究。苏霍姆林斯基说:"一名教师若能热心于本门学科正在探讨的问题,并具备进行独立研究的能力,这样的教师则可成为学校的骄傲。"一个成功的实践活动既是教师自觉成长的前提,也是教师成长的具体体现,还能为学生成长提供帮助。学校应有计划、有针对性地组织教师学习先进的德育理论,积累德育经验,从而不断提高自身的理论修养水平,逐步掌握德育工作规律和德育工作方法。开展"青年教师导师制"活动,发挥传、帮、带作用,制定教师职业发展规划,指导青年教师科研活动,参加实践研修,制定具体的培养目标和实施考核办法,将研究成果转化为学校实践活动,并用于改善学校德育实际状况。此外,在合作研究中提升德育素养。通过任务驱动、专题理论研修、群组互动学习、远程跟进培训、参与式研讨、实践共同体建设、考察交流等形式,帮助教师学习专业理论,形成专业思维、实践创新能力，提高班主任和教师自我反思意识，从而提升教育智慧。例如，加强"教师专业发展共同体"的建设，建构学习型学校、学习型教研组，将较为松散的教师群体转变为互动互惠的、协同奋进的教师专业发展共同体。通常说："水本无华，相荡而成涟漪；石本无火，相击而生灵光。"教师成长离不开集体的影响和帮助，离不开同行之间的相互交流和合作。为了提升教师德育素养的行动力，应强化集体研修活动，促使每一位教师在一个富有发展性的"共同体"中相互砥砺、共同成长，让教师的才智和灵感得以展现，让教师职业生活充满激情和希望，让教师都能站在集体的肩膀上飞翔。教师只有不断回顾走过的路及时找出"漏洞"并"修补"，才能飞得更高。例如，《摔跤吧，爸爸》影片中，马哈维亚始终在不断对自己的训练方法进行反思，变换不同的训练方式和技巧，才最终使女儿走上最高领奖台。

三、在教育叙事研究中提升德育素养

叙事指研修人员以叙事、讲故事的方式表达对教育的理解或阐释，它不直接定义教育是什么，也不直接规定教育应该怎样做，只给读者讲一个或多个故事，从中体验教育是什么或应该怎么做。纪录是具体、情景性的，活灵活现描述教师的经验世界；纪录是教师心灵成长的轨道，道出的是真情实感。教育叙事研究是以叙事、讲故事的形式记录在自己的教育实践、教育生活中发生的各种真实鲜活的教育事件和发人深省的动人故事，表达自己在实践过程中的亲身经历、内心体验以及对教育的理解感悟。就是说，教师对在日常教育活动中所遭遇、所经历的各种事件，以叙事、讲故事的方式来表达对教育的理解和解释。基本过程：关注教育经验—捕捉生活，审视教育行为—反思实践，聚焦教育问题—提炼主题。好的叙事=生动故事+精彩的内心活动。一个成功的、挫折的、感人的实例可以通过教师写日记或日志进行，写教育日志、日记可提供对事件的回顾，如发生过程、处理方法、反思和评价等。通过教育（德育）叙事研究，教师讲述课堂内外发生的事，记录生活中的故事，反思日常工作，分享他人的教育经验，多角度审视和提升自己的德育素养。其中，道德困境叙事是通过口头、书面等多种形式来告知，这些故事或情境中涉及的道德、价值规范，且这些规范在故事或情境中发生的不可避免的冲突。对这些冲突进行选择与激烈讨论，提升理性判断力，形成正确价值理念与道德品质。叙事研究可以促使教师在探索与交流中加深对德育的理解，领会先进的德育思想，更新教育观念，从而使教育思想不断升华，以教育理论指导来促进教育实践的改善。对教师来说，教育叙事研究是一个主动反思的过程，是教师专业化成长的途径，也是德育素养自我提高的方略。在叙事过程中，教师作为"当事人"在自觉思考着自己的教育行为，

第八章 提升教师德育素养的策略

评判着自己的德育实践，领略到教师对自我专业发展的追求，用已有的知识及评价标准诘问自己、指导自己、提升自己。教师就在这样的教育叙事活动中不断完善、不断超越自我。叙事研究既是一种思考的形态和知识掌握的途径，也是一种诠释和评价事物的方式。"意义赋予"与"价值澄清"成为教师教育叙事的关键，只有不断学习，善于研究，才能增长德育智慧和能力，使德育过程充满着探究、历练、体验、感悟的过程，不断提高德育的吸引力和感染力。教师开展教育叙事研究的问题主要有：课堂中的德育问题、教育变革与教师专业发展、新媒体在少先队工作中的运用、系统化的班级活动设计、提升班级活动品质、班主任法治思维和法治方式的思考、提升教师的艺术人文素养、班主任德育能力提升等。例如，课堂中的德育问题按主题及逻辑顺序列出如下：

（1）教师和学生在课堂里做些什么？他们如何度过课堂的时间？

（2）课堂中发生了哪种互动？谁跟谁说话，说些什么？

（3）教师如何管理班级？课堂的规则是什么？

（4）学生学什么？他们从事什么学习任务，投入的程度和成功如何？

（5）一个学校日或一节课是什么样的，个人或小组在校外还有什么相关的学习活动？

（6）教师对学习能力超常的学生以及学习困难的学生有什么特别的措施？

（7）同一主题怎样教给不同年级的学生？

（8）当学校实施新课程、使用新教材或新的评价体系、采用新的作息表时，课堂有何反应？

（9）课堂决策是如何进行的？由教师？由学生？还是由双方协商进行？

（10）当学生搅乱课堂或者表现出反社会的倾向时，教师会采取什么措施？

（11）我可以怎样改进我的教学？

（12）课程有没有连贯性和一致性？

（13）全校或同部门教师是否持有相同的信念、期待和文化？这些学生能否理解？

（14）师生是否以相似方式感知同样的事件？

（15）当学生不理解某事时，会出现怎样的情况？

（16）教师如何给学生解释一个新的主题？

（17）学生的学习在课堂中如何被监测和评价？

（18）学生怎样在小组中学习？他们从事哪种任务、谁来决定，他们是否相互协作？

（19）学科知识的地位如何？学生可能获得什么知识、技能、态度和行为？

（20）教师如何进行课堂决策？

教育叙事研究的步骤：（1）选择素材并设置问题（道德困境）。如道德失当的原因、学生习得的价值观问题等。（2）预习。教师将道德困境叙事素材与问题印制成问卷发放给学生，给予学生一定的思考与答题时间，不仅让教师收集讨论的基本数据，也给予学生一个充分思考的空间，为接下来的课堂讨论打好基础。（3）统计数据。反映了学生的心理、道德认知现状。（4）分析结果。发现学生的特点和弱点，从而设计课堂教学的思路与重点。（5）课堂讨论。在道德困境叙事的课堂中，教师与学生在平等交流的基础上，激发学生的思维，了解学生的想法，最终引导学生认识并尽可能地接受某种价值与品质。（6）学生意见存档。把握学生心理发展的动向和趋势就能够帮助他们规避产生心理疾病的风险。（7）与家长沟通。采取网络论坛方式，在每个班级的主页上公布全班"思维导图"，众多家长留言、互动，从中得到许多宝贵而有价值的信息。

参考文献

[1] 闫丽华著．德育工作与思想教育创新［M］．北京：北京工业大学出版社．2018．

[2] 杨红昌著．德育工作与思想教育创新［M］．吉林出版集团股份有限公司．2018．

[3] 郑长青著．职业院校德育工作与思想教育创新［M］．延吉：延边大学出版社．2018．

[4] 房淑杰，冯中鹏编著．德育［M］．阳光出版社．2018．

[5] 杨福荣，邰蕾芳著.中国传统文化与德育教育研究[M].西安:西安交通大学出版社.2017．

[6] 本书编委会编．德育工作指南实施手册［M］．北京：教育科学出版社．2017．

[7] 周雪平编著．新时代小学德育工作理论与实践探索［M］．阳光出版社．2018．

[8] 陈亚红，何艳著．传统文化与思想政治教育［M］．北京：中国轻工业出版社．2017．

[9] 祝建兵，郭诗华主编．德育论丛［M］．昆明：云南科技出版社．2017．

[10] 郭娅玲主编．德育与班级管理［M］．长沙：湖南师范大学出版社．2017．

[11] 奚冬梅，胡飒主编．政治教育教学与实践研究［M］．北京：光明日报出版社．2018．

[12] 班建武主编．校长如何抓德育［M］．北京/西安：世界图书出版公司．2019．

[13] 田建国，李东著．大学德育创新实践走向［M］．济南：山东教育出版社．2016．

[14] 张百顺，齐新林著．思想政治理论课教学与人格教育和谐发展［M］．武汉：华中科技大学出版社．2019．

[15] 龚光军编著.陶行知教育思想及其当代价值研究[M].成都:西南交通大学出版社.2017．

[16] 王楠著．思想政治教育创新研究［M］．延吉：延边大学出版社．2017．

[17] 张向东编．高等职业教育德育概论［M］．武汉：武汉大学出版社．2019．

[18] 胡飒，奚冬梅主编．思想政治教育教学与实践研究［M］．北京：光明日报出版社．2017．

[19] 四川教育学院编选．教育科学中的德育［M］．成都：四川教育出版社．2017．

[20] 吴起华著．高校德育管理研究［M］．海口：南海出版公司．2018．

[21] 张典兵著．德育学原理［M］．徐州：中国矿业大学出版社．2019．

[22] 孙娟莹著．建构主义德育模式初探［M］．沈阳：白山出版社．2020．

[23] 常佩艳著．文化视野下思想政治教育实践研究［M］．北京：九州出版社．2018．

[24] 冯时林主编．路甬祥教育思想研究［M］．杭州：浙江大学出版社．2017．

[25] 胡琦，陈海燕著．高校德育社会化综论［M］．杭州：浙江大学出版社．2018．

[26] 吴琼著．思想政治教育范式转换研究［M］．北京：北京交通大学出版社．2019．

［27］王来法主编. 思想政治理论教育新探索 2019［M］. 杭州：浙江工商大学出版社. 2019.

［28］周爱华主编. 学生德育工作理论与实践探究［M］. 长春：吉林人民出版社. 2017.